Norgard Kohlhage
Elsa Brändström

Norgard Kohlhagen

Elsa Brändström

Die Frau, die man Engel nannte

Quell

ISBN 3-7918-1983-6

1. Auflage 1991
Fotos: Privat
Umschlaggestaltung: Klaus Dempel
Satz und Druck: Ebner Ulm

INHALT

»EIN TANZ AUF ROSEN«

»Machen Sie bitte aus Elsa Brändström keinen sanften Engel! Sie war ganz hart zu sich und ihrer Aufgabe.«
»Nein, sie war kein Engel. Sie war eigentlich etwas viel Stärkeres. Sie hatte unglaublichen Mut und war tapfer und zäh.«
»An diese Schwester glaubten wir. Wir verehrten sie, und von Monat zu Monat liebten wir sie mehr. Bald hieß es in unserer Runde: Diese Schwester wird wohl das größte Erlebnis unserer Gefangenschaft sein.«
»Sie hatte eine große Ausstrahlung auf alle Menschen. Wenn sie kam, dann wurde es aufregend. Wenn sie wegging, dann wurde es wieder still. Man hat sie sehr bewundert. Aber es blieb immer eine Distanz.«
»Ich hatte den Eindruck: ein einfacher, aber ganz großer, hinreißender Mensch. Eine nordische Jeanne d'Arc. Eine weltliche Heilige, vor der man knien möchte.«
»Wenn sie ins Zimmer trat, dann war es, als ob jemand eine Kerze angezündet hätte.«
»Sie war kein Mamatyp. Sie war eine berufstätige Frau.«

Das sind Aussagen von Männern und Frauen, die Elsa Brändström persönlich begegnet sind: von ehemaligen Kriegsgefangenen, die sie in Sibirien betreute; von Kriegswaisen, um die sie sich in Deutschland kümmerte; von Emigranten, denen sie in den Vereinigten Staaten während des Naziregimes einen neuen Anfang ermöglichte. Und – als letzte zitierte Äußerung – Sätze ihrer einzigen Tochter Brita.

Einig sind sich alle, die sie gekannt haben, darin: »Engel von Sibirien« – so wollte diese Frau nicht genannt werden. Dennoch haftet ihr bis zum heutigen Tag dieses Etikett an . . .

Elsa als Kind: »Engelhafte« Züge zeigt das kleine Mädchen ganz und gar nicht. Statt dessen schon früh, sehr früh Eigenschaften, die sie als einen selbstbewußten, selbständig handelnden Menschen erkennen lassen.

Sie ist am 26. März 1888 als ältestes Kind des Ehepaars Anna und Edvard Brändström zur Welt gekommen. Oberst Edvard Brändström ist zu jener Zeit schwedischer Militärattaché in Sankt Petersburg. Als die Eltern drei Jahre später mit ihr und dem jüngeren Bruder Per Rußland verlassen, schmiegt sich Elsa in die Arme ihrer russischen Amme, die die Familie nach Schweden begleitet. Zeitlebens wird sie sich an die Wärme und Geborgenheit erinnern, die ihr die Amme während ihrer ersten großen Reise vermittelte.

Helle Birken vor einem weiten, offenen Himmel. Weiße, unruhige Wolken. Im Garten die ersten Maiglöckchen:

Kinderglück. Elsa lacht und greift nach den langen, flatternden Bändern und der großen Schleife, die zur Kopfbedeckung der Amme gehören. Jetzt ist sie also in ihrem Heimatland Schweden. Doch ein Teil ihrer frühesten Kindheit begleitet sie noch immer: die russische Amme, von der sie zärtlich »Blom« gerufen wird.

Daheim sein – das spürt schon die kleine Elsa – kann ein Mensch in mehreren Ländern und mehreren Sprachen. An ihr helles Lachen und ihre großen, forschen Schritte erinnern sich alle, die Elsas Kindheit miterlebt haben. Das blieb auch später typisch für Elsa Brändström. Immer lief sie so schnell, daß niemand mit ihr Schritt halten konnte, und lachte so ansteckend, daß selbst ihre Gegner sich dem nicht entziehen konnten.

Die kleine Elsa wird ungewöhnlich frei erzogen. Sie darf alles, was auch ihren Brüdern Per und Erik – sie sind zwei und vier Jahre jünger als sie – erlaubt ist. Die Brändström-Kinder klettern auf Bäume, rodeln und toben bei jedem Wetter draußen herum. Hinter ihrem Haus in der kleinen Stadt Linköping gibt es einen geräumigen Hof mit Augustbirnen und Winteräpfeln. Keine Blumenrabatten stören ihre Bewegungsfreiheit.

Für ein Mädchen, das im vorigen Jahrhundert aufwächst, sind das unerhörte Freiheiten. Eigentlich müßte Elsa, die ja eine »Tochter aus gutem Hause« ist, nach ganz anderen Regeln erzogen werden.

Zum Beispiel so, wie es die Schriftstellerin Hedwig Dohm erlebte: »Knaben und Mädchen lebten in getrennten Welten. Meine acht Brüder schlitterten auf dem gefrorenen Rinnstein, schneeballten sich, keilten sich gräßlich untereinander, waren faul in der Schule und wuschen sich am liebsten gar nicht. Und die Mädchen? Die saßen möglichst still, sittsam, machten Handarbeiten in den Feierstunden, von der mühsamen Petit-point-Stickerei bis zum ekligen Strumpfstopfen herunter.« So etwas wäre für die junge Elsa Brändström unvorstellbar. Ganz anderes wird sich später Elsa Brändström über ihre Kindheit und Jugend äußern:

»Ich glaube, ich kann sagen, daß ich, als ich noch Kind war, der Opposition angehörte. Und das hatte wohl seinen Grund in dem Einfluß, den mein Vater auf mich ausübte durch seine ständige Forderung, man müsse eine eigene Meinung haben. Und man müsse wissen, was man wolle und warum man es wolle.«

Elsa ist ein Vaterkind. Sie mag es, daß er sie herausfordert, ihre eigene Meinung zu sagen. Anna Brändström, die Mutter, überkommen mitunter Zweifel, ob so viel Freiheit für ihre Tochter gut sei. Einmal, auf dem Rückweg von einer Einladung, sagt sie beunruhigt zu ihrem Mann: »Nun habe ich zwei Stunden lang einen Vortrag über Kindererziehung gehört, in dem alle wichtigen Richtlinien aufgezeigt wurden – und ich glaube nicht, daß wir auch nur *einen* dieser Grundsätze befolgt haben, die dort als A und O hervorgehoben wurden. Ist das nicht schrecklich?«

Elsa, die seit 1896 in Linköping die Schule besucht – zuerst die Vorschule, später die Höhere Töchterschule –, hört belustigt, wie ein Klassenkamerad dem anderen zu-

flüstert: »Die Brändströms dürfen ihre Meinung sagen und sogar beim Essen reden.«
Es will ihr nicht einleuchten, daß das etwas Außergewöhnliches sein soll; für Elsa und ihre Brüder ist das selbstverständlich.
Wenn Edvard Brändström während der Mahlzeiten gute Lebensregeln einprägt – nicht nur seinen Kindern, auch deren Freunden, die sie mitbringen dürfen –, dann gibt es einen Satz, der Elsa besonders gefällt: »Il faut payer de sa personne.« Im übertragenen Sinn: »Du sollst mit allem, was du bist und hast, für das eintreten, was du als richtig und notwendig erkannt hast.«
Schelte oder Strafe, wenn ein Kind in der Schule nicht »gut« ist, kennt man nicht in Elsas Elternhaus. Die Brändström-Kinder haben halt für gewisse Schulfächer kein Interesse oder kein Talent, und das zeigen sie auch offen.
»Du liebe Zeit, da ist schon wieder ein Brändström in der Klasse!« stöhnt der Musiklehrer, wenn jemand im Chor falsch singt. Und Elsa verkündet unbekümmert: »Wenn ich nur ein Buch sehe, möchte ich schon weglaufen!«
Sie hat auch Jahrzehnte später, als sie im Heim »Neusorge« deutsche Kriegswaisen betreut, nie ein Hehl daraus gemacht, daß sie Sport und Spiel wichtiger findet, als Bücher zu lesen.
Dies wird durch die Erinnerung einer Frau bestätigt, die als junges Mädchen unter der Obhut Elsa Brändströms aufwuchs. Eine Erinnerung, die sehr deutlich

macht, wie stark Elsa Brändströms Erziehungsstil durch die eigene Kindheit geprägt ist:
Hundert Mark hatten die Kinder in »Neusorge« zur Verfügung. Sie durften selbst entscheiden, für was das Geld ausgegeben werden sollte. Die damals zwölfjährige Ilse erlebte das so: »Tagelang besprachen wir uns in größeren und kleineren Gruppen. Als wir Schwester Elsa sagten, daß wir von dem Geld Sportgeräte kaufen wollten, strahlte sie und lobte unsere Wahl. Ich persönlich hätte Bücher vorgezogen. Aber ich wußte, daß ich das nie würde durchsetzen können und hatte daher dem Vorschlag der anderen zugestimmt. Wer den Mut hatte, fast bis zum Wehr zu schwimmen und sich auf einen der aus dem Wasser ragenden grünglatten Steine hinaufzuziehen, wer im Winter die steilen Hänge hinunter bäuchlings auf seinem Schlitten fuhr oder sicher, gewandt und entschlossen einen ›Dreier-Zug‹ lenkte, der konnte ihrer Anerkennung sicher sein.«
Schon in sehr jungen Jahren besitzt Elsa Brändström die Fähigkeit, andere zu überzeugen. In Linköping, wo sie zur Schule geht, hat sie großen Einfluß auf ihre Spielkameraden. Ihre liebste Freundin Elsa Björkman z. B. hat einmal Angst, bäuchlings einen Schlitten zu lenken. »Elsa, denk daran, daß du Björkman heißt!« ruft Elsa Brändström der Freundin zu. Sie ruft diesen Satz mit einer solchen Überzeugungskraft, daß das ängstliche Mädchen sich augenblicklich auf den Schlitten legt und abfährt. Sie kann sich zwar selbst nicht erklären, *warum* dieser Ruf ihr die Angst genommen

hat, doch sie spürt, daß ihr da eine unbändige Kraft Mut gemacht hat.
Die beiden Elsas – die dunkle, kleine, ängstliche Elsa Björkman und die blonde, großgewachsene, mutige Elsa Brändström – bleiben übrigens ihr Leben lang Freundinnen. Gemeinsam werden sie in Linköping konfirmiert. Für Elsa Brändström ist die Konfirmation keine Feier, die sie »nur so nebenbei« und »weil sich das so gehört« erleben möchte. Fragen und Zweifel beunruhigen sie: ob sie wirklich »reif« genug ist, das Abendmahl zu empfangen? Ihre Bedenken werden immer größer. Im Konfirmandenunterricht, wo fast 80 Kinder vom Pastor unterrichtet werden, kann sie ihre Gedanken nicht äußern. Sie wagt es, den Dompropst aufzusuchen. Wird er verstehen, daß es für sie unmöglich ist, gegen ihr Gewissen und ihre innere Überzeugung zu handeln? Dompropst Personne erklärt Elsa ganz ruhig, sie brauche sich selbstverständlich nicht konfirmieren zu lassen, wenn sie einen inneren Widerstand verspüre. Es kommt zu einer längeren Aussprache. Elsa merkt, daß weder Zwang noch Druck auf sie ausgeübt werden. Sie kann sich frei entscheiden. Das gibt den Ausschlag. Am Ende des Unterrichts läßt sie sich ohne innere Schwierigkeiten mit den anderen konfirmieren.
In diese Zeit – Elsa ist 15 – fällt noch eine Begebenheit, die viel von ihrem Wesen verrät. Sie ist, wie gesagt, nicht in allen Schulfächern ein »Glanzlicht«. Sie hat sogar ihre Lehrerin schon einmal mit dem Satz verblüfft: »Aufgabenlernen halte ich für verfehlte Frauenarbeit.« Doch

dann kommt es zu einem Augenblick, den die Lehrerin für immer im Gedächtnis behält:
Sie ist am Morgen telegrafisch von einem schweren Unglücksfall ihrer Angehörigen benachrichtigt worden. Gleich wird sie mit dem Zug zu ihnen fahren. Vorher muß sie aber noch eine Chemiestunde geben. Elsa wird an die Tafel gerufen und soll eine Aufgabe lösen. Die völlig verstörte Lehrerin spürt, wie die Kräfte sie verlassen. Alles verschwimmt vor ihren Augen. Elsa erfaßt sofort, daß da etwas nicht stimmt. Sie übernimmt den Unterricht in eigener Regie, schreibt chemische Formeln an die Tafel, um die Klasse zu beschäftigen, bis sie sieht, daß die Lehrerin ihre Fassung wiedergewonnen hat. Ruhig, als sei nichts geschehen, setzt sie sich in die Schulbank zurück. Niemand in der Klasse hat etwas gemerkt.
Die Lehrerin sagt später:
»Elsa half mir über einen der schmerzlichsten Augenblicke meines Lebens hinweg. Selbst wußte sie es nicht. Aber diese kleine Tat ist mir wie ein Vorzeichen ihres späteren Einsatzes für die leidende Welt. Geistesgegenwart, Takt, Barmherzigkeit – das war bereits für das Kind eine natürliche Lebensäußerung.«
Es wird kein Zufall sein, daß Elsas Lehrerin der 15jährigen zwar eine erstaunliche menschliche Reife bescheinigt, sie aber trotzdem als »Kind« bezeichnet. In mancher Hinsicht ist die Heranwachsende frühreif und ihren Altersgenossinnen weit überlegen, dann aber wirkt sie wieder ganz kindlich und unerfahren. Mit ihrer besten Freundin unterhält sie sich z. B. darüber, daß sie keine

Ahnung habe, woher die Neugeborenen kommen. Nur, so meint sie, könne es dabei nicht »gerecht« zugehen, denn: »Als neulich meine Kusine einen Sohn bekam, jubelten alle. Dann kriegte ihre Jungfer ein Baby, und meinst du, irgend jemand hätte sich gefreut?«
Für Flirts mit Jungen interessieren sich Elsa Brändström und Elsa Björkman nicht. Elsa ist als junges Mädchen sehr schlank und trägt deshalb immer eine Brosche, »damit jeder weiß, wo vorn und hinten ist«. Sie führen lange Gespräche darüber, wie ihre berufliche Zukunft aussehen soll. Elsa Björkman möchte Künstlerin werden. Elsa Brändström würde am liebsten an einer Volkshochschule tätig sein, vielleicht sogar eine eigene Volkshochschule gründen. Insgeheim entwirft sie Pläne, wie das gehen könnte.
18 Jahre alt sind die »zwei Elsas«, als 1906 ihre Schulzeit in Linköping zu Ende geht. Im gleichen Jahr wird Elsa Brändströms Vater zum schwedischen Gesandten in St. Petersburg ernannt. Nun könnte die Diplomatentochter Elsa in die St. Petersburger Gesellschaft eingeführt werden, in eine schillernde, strahlende Welt. Mutter Anna Brändström beunruhigt diese Vorstellung. Bislang kennt ihre Tochter Elsa nur den Alltag in einer idyllischen schwedischen Kleinstadt. Kann das gutgehen, wenn sie von einem Tag auf den anderen in ein elegantes, exklusives Gesellschaftsleben versetzt wird? Anna Brändström denkt dabei nicht nur an Gefahren, die dem unbefangenen jungen Mädchen drohen könnten, sie sieht auch ganz realistisch, daß Elsa noch Zeit braucht,

um zu sich selbst zu finden. Es ist eine große Erleichterung für sie, als ihre Tochter den Wunsch äußert, sie würde am liebsten gemeinsam mit ihrer besten Freundin Elsa Björkman in Stockholm das Lehrerinnenseminar der Anna Sandström besuchen.
Abschied von der Kindheit: Die Eltern übersiedeln nach St. Petersburg. Elsa packt ihre Koffer, um zu Verwandten nach Stockholm zu ziehen. Sie weiß, welch glückliche Zeit nun zu Ende geht, Jahre, die sie für immer geprägt haben; Jahre, über die sie später schreiben wird:
»Ich glaube, daß ein glückliches Heim in einer Kleinstadt das beste ist, was man für die Kindheit wünschen kann. Die Kinder beherrschen die Kleinstadt, sie kennen jeden Winkel, und überall sind sie wie zu Hause. Das Landleben mit allem Gesunden und Frischen gehört dazu, liegt in Reichweite. Kleinstadtkinder bleiben geselliger als Landkinder, und in der Natürlichkeit und im Vertrauen übertreffen sie die Kinder der Großstadt.«
So selbstlos und aufopfernd sie auch in den kommenden Jahren auf viele Menschen wirkte – sie hat ihre eigenen Bedürfnisse dabei nicht vergessen. In Linköping hat sie gelernt, sich durchzusetzen und keine Angst zu haben vor sogenannten »Autoritätspersonen«. Einem Dompropst hat sie als einzige ihres Konfirmandenjahrgangs ihre Meinung gesagt. Im Schulunterricht ist sie ganz spontan und aus eigenem Antrieb eingesprungen, als eine Lehrerin wegen persönlicher Probleme vorübergehend den Unterricht nicht leiten konnte. Von ihrem Vater hat sie gelernt, wie wichtig es ist, sich über alles

eine eigene Ansicht zu bilden. Jungen und Männer mit »Imponiergehabe« kommen bei ihr nicht an. Sie weiß, wie stark sie sein kann, wenn sie all ihren Mut zusammennimmt. Und sie kennt durch die Beziehung zu ihrer Freundin Elsa Björkman das Vertrauen und das ganz tiefe Verständnis, das zu einer Mädchenfreundschaft gehört.

Noch ist sie erst 18 Jahre alt, vielleicht tatsächlich ein bißchen »kindlich«, wie ihre Mutter meint. Noch muß sie sich selbst erkunden. Doch Angst macht ihr die Zukunft nicht. Sie hat eine ganz bestimmte Vorstellung davon, wie »Lebensglück« aussehen kann:

»Ein glücklicher Mensch besitzt ein starkes Selbstbewußtsein, das ihn doch nicht hindert, die Grenzen seiner persönlichen Fähigkeiten nach oben und unten zu erkennen. Ein glücklicher Mensch besitzt Selbstdisziplin, die ihm hilft, das Lebenspferd zu zügeln und zu reiten – sich von ihm nicht niedertreten zu lassen. Selbstdisziplin hat in sich gewisse Selbstbeherrschung: aber nicht die, die im Dulden und Sich-alles-gefallen-Lassen besteht, sondern die Selbstbeherrschung, die macht, daß man kämpfen, warten und siegen kann ohne Lärm, ohne Bitterkeit und ohne Übermut.«

Diese Lebensregeln hat Elsa Brändström 1924 in einem Aufsatz »Über Kindererziehung« aufgeschrieben. Als Maßstab haben sie ihr schon damals gedient, als sich die 18jährige 1906 zum ersten Mal von ihren Eltern trennte, um in Stockholm das Lehrerinnenseminar zu besuchen.

»Wir alten Linköping-Freundinnen saßen wieder nebeneinander«, erzählt Elsa Björkman über die Ausbildungsjahre in Stockholm, »und ich versichere, daß niemand Abenteuer und Unternehmungen, Freud und Leid treuer miteinander teilen konnte als wir zwei. Wir pflegten zusammen für die Prüfungen zu büffeln und betrachteten unsere jeweiligen persönlichen Kenntnisse als gemeinsames Eigentum. Aber bisweilen kam es auch vor, daß wir unglücklich hereinfielen, wenn wir uns mit zu großem Optimismus auf das Fassungsvermögen unserer Ohren verließen.«

Von Elsa Brändström ist bekannt, daß sie die Stockholmer Zeit als »dunklen Punkt« in ihrem Leben ansah.

Literatur und Geschichte sind wichtige Fächer im Seminar. Elsa kann sich dafür nicht begeistern. Und so muß sie zum ersten Mal erfahren, daß sie mit ihrem Temperament nicht im Mittelpunkt steht. Die zwei Jahre im Seminar hätten dazu beigetragen, sie »etwas zu ducken«, gesteht sie viel später ehemaligen Schülerinnen des Instituts. Aber, so meint sie rückblickend, das sei auch nötig gewesen: »Ich wäre unleidlich selbstsicher geworden, wenn ich wie in Linköping hätte weitermachen können.«

Immerhin gehört sie nach wie vor zu den Menschen, die auf der Sonnenseite des Lebens stehen. Ihre Mitschülerinnen, die fleißig arbeiten, *müssen* sich auf einen Beruf vorbereiten. Elsa kennt keine Geldsorgen. In den Ferien reist sie nach Frankreich und England, um ihre Sprachkenntnisse zu vervollkommnen. Sie spielt Tennis und Kricket und unternimmt waghalsige Bergtouren in der

Schweiz. Ob sie sich wohl damals dafür interessiert hat, daß eine Frau namens Bertha von Suttner 1905 den Friedensnobelpreis erhielt? Daß diese Frau durch Skandinavien reiste, und Vorträge hielt?

Sie wird das gedacht haben, was damals in allen Schulbüchern stand und was auch ihr Vater ihr vermittelte: Krieg ist die Form, in der die Menschheitsgeschichte sich vollzieht. Die Gründung der Reiche, die Schlichtung von Streitigkeiten, das alles besorgt der Krieg. In Erzählungen und Gedichten hört man von heldenmütigen Waffentaten. Junge Mädchen bewundern, ja beneiden mitunter sogar den Militärstand.

Wenn Elsa mit ihrem Vater auf Reisen ist – und er nimmt sich in jedem Sommer drei Wochen Zeit dafür –, ist sie ganz und gar wieder das »Vaterkind«, das sie schon in Linköping war. Sie freut sich auf die Zeit, wenn ihre Studien in Stockholm abgeschlossen sind. Ihre Mutter ist kränklich und muß häufig Kurbäder besuchen. Dem Vater hat Elsa versprochen, daß sie in St. Petersburg die Pflichten einer Hausfrau und Gastgeberin übernehmen wird, solange die Mutter unpäßlich ist.

Als Elsa das Sandström-Seminar verläßt, sagt ihr die Leiterin ganz unverblümt, sie sei vielleicht für Amerika geeignet. In Schweden sei es nämlich für sie nicht möglich, eine Zukunft zu finden. Übrigens in ganz Europa nicht.

Elsa Brändström weiß nicht recht, was sie mit dieser Beurteilung anfangen soll. Zuerst reagiert sie kleinlaut. Dann lacht sie und flüchtet sich in einen burschikosen

Kommentar: »Meine arme Mama – sie hofft immer noch, ich könnte für Europa passen!« Es wird Elsa geschmerzt haben, daß über sie ein solches Urteil gefällt wurde. Denn noch hatte sie keine konkreten Zukunftspläne. Daß sie tatsächlich in Amerika eine berühmte Frau werden würde, dort mit Mann und Kind ihre letzten Lebensjahre verbringen würde – das wäre ihr nicht im Traum eingefallen, als sie 20 war.

Wir schreiben das Jahr 1908. Elsa Brändström steigt am Finnischen Bahnhof in Sankt Petersburg aus. Ein dicker, livrierter Kutscher holt sie ab. Daß sich unter dem stattlichen Kostüm ein mageres Kerlchen verbirgt, ahnt die Diplomatentochter nicht. Noch kennt sie die Regel nicht: Je dicker der Kutscher, desto vornehmer der Herr. Deshalb muß man seine Dienstboten mit wattierter Kleidung ausstaffieren. Erinnern kann sich Elsa aber an ihre dicke Amme. Zärtliche Gefühle werden in ihr wach. Das Land, in dem sie geboren ist, wird ihr nie ein »fremdes Land« sein, auch wenn sie in Vaters Kreisen immer wieder Gespräche hört über die »rätselhafte russische Seele«. Sie begegnet den Russen unbefangen. Hat sie vielleicht etwas von diesem merkwürdigen Land in sich eingesogen, damals, als ihre Amme sie stillte? Ist Rußland ihr darum so vertraut? Sie genießt in vollen Zügen, was die Gegenwart ihr bietet.
St. Petersburg ist Hauptstadt und Sitz des Zaren. Zwei Millionen Menschen leben hier. Leichtsinnige Fürsten, wohlhabende Gutsbesitzer, Wissenschaftler, Schrift-

steller, Politiker, Industrielle, Spitzel und Agenten, die zur russischen Geheimpolizei gehören. Diese schicken jeden Revolutionär, den sie aufspüren, ins Gefängnis oder verbannen ihn nach Sibirien. Selbst im Haus des schwedischen Gesandten weiß man, daß Diener von der russischen Geheimpolizei für ihre Spionage bezahlt werden.
In der Stadt mit dem Zarenhof amüsiert sich eine Gesellschaft, die verdrängt, daß es 1905 eine Revolution gab. Man tanzt Boston auf Rollschuhen, spielt Bridge, trifft sich zum Empfang im Winterpalais und besucht die Oper. Man genießt Schlittenfahrten und Eislaufpartien. In Ballsälen werden Arme voll duftender Rosen an die besten Tänzer und Tänzerinnen verteilt. Und was macht es schon, wenn bei einem besonders temperamentvollen Tanz mal eine Tafel mit wertvollem Porzellan zerbricht? Der Tisch läßt sich reparieren, neues, ebenso kostbares Geschirr wird aufgelegt.
Verwirrend muß das alles auf Elsa Brändström gewirkt haben, aber auch faszinierend.
Sie gehört zu jenen, die auf jedem Ball am längsten und ausgelassensten tanzen. Sie entdeckt, daß sie eine Schwäche für Juwelen hat, und es gefällt ihr, wenn ihre Garderobe bewundert wird.
Oft allerdings beobachtet sie Szenen, die in ihren Kreisen als Gesprächsthema »tabu« sind. Warum muß der Kutscher bei 40 Grad Kälte auf der Straße warten, bis ein Fest zu Ende ist? Wieso gibt es nächtliche Hausdurchsuchungen, bei denen Dienstboten verhaftet wer-

den? Weshalb muß sich eine alte schwedische Frau, die sie besucht, einen Raum mit anderen Familien teilen – so teilen, daß sie nicht einmal eine Wand hat, um ihr Bett daran zu stellen? Darüber wird in diplomatischen Kreisen wenig gesprochen.

Elsa Brändström tritt nach außen als Repräsentantin ihres Landes auf. Innerlich aber vollzieht sich längst eine andere Entwicklung. Sie hat später gesagt, wäre sie Russin gewesen, so wäre sie sicherlich Revolutionärin geworden. Dachte sie dabei an die russische Revolutionärin Wera Figner, die sich in ihrer Jugend vehement dagegen wehrte, »nur eine schöne Puppe« zu sein? Oder kränkte sie noch immer das Gefühl, im Lehrerinnenseminar in Stockholm als »oberflächlich« eingestuft worden zu sein?

Wie auch immer: Sie lief in jenen unruhigen Vorkriegsjahren durch das schillernde St. Petersburg, und zu ihren vielen Aufgaben gehörte es auch, die Dichterin und Nobelpreisträgerin Selma Lagerlöf zu begleiten. Was die Schriftstellerin über Elsa Brändström sagt, schildert treffend, worunter Elsa damals litt. Selma Lagerlöfs Erinnerung an St. Petersburg und an Elsa Brändström:

»Eines Tages ging ich aus, um die Stadt, ihre Basare und Kirchen kennenzulernen. Es führte mich eine schwedische Dame: jung, blond, schön, von edelstem nordischem Typ. Ich wußte von ihr, daß sie ein glückliches Heim hatte. Und weil sie zu den höchsten Gesellschaftskreisen gehörte, konnte ich mir denken, daß ihr Leben

sozusagen ein Tanz auf Rosen war. Unterwegs aber begann diese junge Landsmännin von ihrer Sehnsucht zu sprechen: das unbefriedigende Vergnügungsleben zu verlassen, sich in eine ernste Arbeit voller Anforderungen zu stürzen und ihre Gaben einsetzen zu dürfen, um etwas aus eigener Kraft zu werden. Es schien indessen, als ob ihr der Weg zu diesem Ziel durch das Übermaß an Glück, in dem sie lebte, versperrt würde.«
Wie lange wird Elsa noch *auf Rosen tanzen*?

»SIBIRIEN WAR MEIN KLOSTER«

Sommer 1914

»Am 28. Juni 1914 wurde der österreichisch-ungarische Thronfolger in Sarajewo ermordet. Einen Monat später, am 28. Juli, erklärte Österreich-Ungarn Serbien den Krieg. Am 31. Juli wurde in Rußland die allgemeine Mobilmachung befohlen. Am 1. August erfolgte in Deutschland die allgemeine Mobilmachung, gleichzeitig mit der Kriegserklärung an Rußland, der am 3. August die Kriegserklärung an Frankreich folgte. Am 4. August erklärte England Deutschland den Krieg, am 6. August Österreich-Ungarn Rußland. Der furchtbare Weltkrieg war entbrannt, und die Schicksalsstunde für Millionen und Abermillionen hatte geschlagen.«

Dies sind keine Zitate aus einem Geschichtsbuch, sondern Sätze, mit denen Elsa Brändström den Beginn des Ersten Weltkriegs schildert (Es sind die ersten Sätze ihres Buches »Unter Kriegsgefangenen in Rußland und Sibirien 1914–1920« – eines Buches, das zum Bestseller wurde).

Wer den Text liest, könnte meinen, es ginge ihr nur

darum, jedes Datum korrekt wiederzugeben. Sie schreibt, daß die »Schicksalsstunde für Millionen und Abermillionen geschlagen hat«. Sie schreibt nicht, daß auch sie ihre eigene »Schicksalsstunde« erlebte, als der Erste Weltkrieg ausbrach.
Elsa Brändström ist im Sommer 1914 in England. Auf einem vollbesetzten Schiff kehrt sie nach Schweden zurück. Von dort fährt sie mit der Eisenbahn weiter nach St. Petersburg, das nun den Namen »Petrograd« erhält. Elsas Mutter ist 1913 gestorben. Seitdem hat Elsa deren Aufgaben in dem Diplomatenhaushalt übernommen.
In welcher Atmosphäre erlebt Elsa Brändström den Spätsommer 1914?
Zigtausende von jungen Männern sind bereit, sich »dem blutigen Ernst des Krieges hinzugeben«. Lachende Mädchen reichen den Kriegsfreiwilligen Blumen und Erfrischungen in die Zugabteile. Es gibt aber auch Zeitgenossen wie die Künstlerin Käthe Kollwitz, die den Kriegsausbruch äußerst kritisch sehen. In ihrem Tagebuch schreibt Käthe Kollwitz von einem »widernatürlich heraufgeschraubten Seelenzustand«, von einem »Massenrausch«, der alle jungen Männer ergriff. (Übrigens auch ihre eigenen Söhne. Der älteste meldete sich sofort als Kriegsfreiwilliger.) Andererseits erscheint in jenen Tagen im »Berliner Lokalanzeiger« der freimütige Brief einer gebildeten Dame, die meint, es sei doch »sehr betrüblich, falls der Krieg unterbleiben soll. Es wäre doch so interessant, darüber zu lesen.«
Elsa Brändström gehört weder zu den sensationslüster-

nen Damen, die interessante Kriegsberichte lesen wollen, noch verfällt sie in einen »Massenrausch«. Sie läßt sich zusammen mit Ethel von Heidenstam, der Frau des schwedischen Legationsrats, im Pflegedienst ausbilden. In nüchterner Sprache erzählt sie, wie das vor sich ging: »Bei Kriegsausbruch ließen sich eine große Anzahl Damen der russischen Gesellschaft in einem kurzen Kursus zu Schwestern ausbilden. Sie überschwemmten die Krankenhäuser im Lande, in denen sie die ungenügende Zahl der Berufsschwestern ergänzen sollten. Diese Damen waren oft die Parodie einer barmherzigen Schwester. Hauptsächlich beschäftigten sie sich damit, Kissen aufzuschütteln, den Verwundeten die Stirn zu trocknen und ihr Haar zu kämmen. Hätten sie ihre selbstgewählte Arbeit ernst genommen, wären sie für ihre geduldigen russischen Soldaten unendlich segensreich gewesen. Aber als ihre Sensationslust gestillt war und die Beschäftigung den Reiz der Neuheit verlor, als die überfüllten Lazarette die furchtbare Wirklichkeit unverhüllt zeigten, da flohen diese Damen zu ihren Diners, ihren Bridgepartien und Tanzvergnügungen zurück.«

Elsa und Ethel jedoch schließen ihre Grundausbildung ab. Sie tragen von nun an die Tracht der russischen St.-Georgs-Schwestern.

Immer mehr Sanitätszüge kommen von der nordwestlichen Front nach Petrograd. Anfangs hat Elsa nur mit der Pflege russischer Verwundeter zu tun. Sie bekommt einen Schock, als sie die ersten deutschen Kriegsgefangenen sieht, die von Petrograd aus weitertransportiert werden sollen. Die Männer, die sich mit Begeisterung als Kriegsfreiwillige gemeldet hatten, hatten an Kampf und Sieg und vielleicht an den Tod gedacht; aber nicht daran, in Gefangenschaft zu geraten.

Zwei Männer, deren Schicksal eng mit Elsa Brändström verknüpft ist, kommen hier zu Wort. Ihre Aussagen lassen ahnen, was es für alle bedeutete, nicht als »Held«, sondern als »Plenny« (Bezeichnung für deutsche Soldaten in russischer Kriegsgefangenschaft) an diesem Krieg »teilzunehmen«.

Edwin Erich Dwinger, 17 Jahre alt, wird schon in seinem ersten Gefecht schwer verwundet. Jahre später verarbeitet er seine Erlebnisse in dem Roman »Armee hinter Stacheldraht«. Diese Gedanken schossen dem 17jährigen durch den Kopf, als er von einer Kugel getroffen wurde: »Ich fühlte dumpf, daß alles zu Ende sei, aber obwohl es nahegelegen hätte, schrie ich nicht nach meiner Mutter. ›Mein Gott – warum hast du mich verlassen?‹ schrie ich auf . . . Als ich erwachte, war mir, als ob man mir durch beide Beine sägte. Mein Mund war voll krümeliger Erde; ich hatte im Sturz und Schmerz in den gepflügten Acker gebissen. Als ich meinen Degen suchte, erkannte ich, daß man mich inzwischen ausgeraubt hatte: Glas, Uhr, Revolver, Brustbeutel – alles war fort. ›*Gefangen!*‹ schrie es ganz hoch und spitz in meinem Kopf. Es war, als ob mich ein neuer Schuß getroffen hätte, diesmal mitten ins Hirn.«

Dwinger gerät in russische Gefangenschaft. Ebenso der deutsche Propst Eduard Juhl. Er veröffentlichte 1962

eine umfangreiche Lebensdarstellung Elsa Brändströms, in der er schreibt: »Ich habe, als ich – ein junger deutscher Offizier – in die Schlacht um Ostpreußen hinauszog, an Kampf und Sieg und vielleicht an den Tod gedacht, aber dann ist in den dunklen Novembertagen das über mich gekommen, an das zu denken uns so fern lag. Ich bin in russischer Gefangenschaft und kann mich sehr langsam nur an ein Schicksal gewöhnen, das härter sein wird als der Kampf an der Front.«
Keiner der Männer, die »in die Schlacht ziehen«, rechnet mit einem solchen Ende. Man singt einen Liedtext, den der Kriegsfreiwillige Walter Flex gedichtet hat und der noch heute bekannt ist:

»Wildgänse rauschen durch die Nacht
Mit schrillem Schrei nach Norden –
Unstete Fahrt! Habt acht, habt acht!
Die Welt ist voller Morden!«

Sieg oder Tod. Darum geht es. Und sie lesen die Verse, die Walter Flex schrieb:

»Eisgrauer See,
Mondheller Schnee . . .
Wie lang noch soll ich schreiten?
Das kalte Schwert zur Seiten?
Wie lang währt Mord und Streiten?
Weh', Russenerde, weh'–!«

Vorstellen kann sich niemand, was auf »Russenerde« geschieht, wenn einer der Kameraden gefangengenommen wird. Im Herbst 1914 sieht Elsa Brändström zum ersten Mal deutsche Gefangene im Nikolaihospital in Petrograd. Der Chefarzt führt sie und Ethel von Heidenstam durch das riesige Krankenhaus, in dem 4000 Verwundete liegen. Als sie durch die russischen Abteilungen gegangen sind, fragt er die »Damen« lachend, ob sie die »Menagerie« sehen wollen. Wie bitte? Was ist gemeint? Der Chefarzt wird deutlicher. Die »Menagerie« ist die Gefangenenabteilung. Von hier aus sollen demnächst halbwegs geheilte Soldaten nach Sibirien abtransportiert werden: in zerrissenen Uniformen, ohne Mäntel, Mützen, Handschuhe. Wie werden sie den sibirischen Winter überleben? Zwar gibt es in deutsch-russischen Kreisen in Petrograd Sammelaktionen, bei denen große Mengen Kleider zusammenkommen. Damit werden die Gefangenen versorgt, ehe sie aus dem Nikolaihospital ihre Reise in den unheimlichen Osten beginnen. Doch Elsa sieht sofort, daß diese Liebesgaben nicht entfernt ausreichen können.

Schlimmer noch als in Petrograd sind die Zustände in Moskau. Hier liegen die Kriegsgefangenen in Lazaretten: auf Strohsäcken, Treppen, auf dem nackten Boden. Die Fenster sind verkittet; als Beleuchtung dienen funzelige Petroleumlampen. Mitunter besteht das Personal für 200 schwerverwundete Gefangene aus einem Hilfsarzt und zwei Schwestern. Verbandsstoffe und Medikamente sind knapp. Alle Gefangenen werden so rasch wie möglich weitertransportiert nach Sibirien.

Elsa registriert:

»Bei jeder Evakuierung bot sich dasselbe furchtbare Bild: Die Schwerverwundeten schrien und stöhnten, wenn die Sanitätsmannschaften sie für die Überführung ankleideten. Es gab unter ihnen Lahme und Hilflose, die die Wärter vor Schmutz und Gestank nicht berühren wollten. Aber sie mußten alle hinaus, wo sie im Winter stundenlang im Schnee auf die elektrische Bahn warteten. Es kam sogar vor, daß Scharen von Krüppeln mehrere Kilometer im Schnee krochen, um die Eisenbahn zu erreichen. Diese Evakuierungen gingen gewöhnlich in der Nacht vor sich. Ein russischer Offizier antwortete einmal auf eine diesbezügliche Frage, daß ›es doch peinlich sei, der Bevölkerung zu zeigen, in welchem Zustande wir unsere Gefangenen herumschleppen‹.«
Die Gefangenen werden in langen Zügen von 40 bis 50 Güterwagen abtransportiert. Türen und Luken bleiben verschlossen. So gibt es nie frische Luft während der langen Reise. Stirbt jemand, dann muß der Tote bis zum Wechsel der russischen Begleitmannschaft im Wagen bleiben, damit die vorher angemeldete Zahl der Männer bei der Ankunft auch »stimmt«.
Daß solche Details bekannt werden, ist Elsa Brändström zu verdanken. Seit ihr in Petrograd die sogenannte »Menagerie« gezeigt wurde, läßt sie das Schicksal der Gefangenen nicht mehr los. Ihr Wunsch, den sie einst der Schriftstellerin Selma Lagerlöf anvertraute, wird Wirklichkeit: Sie hat eine Aufgabe gefunden, der sie sich ganz widmen kann. Sie wird Hilfe anfordern für die »Plennys« und gleichzeitig einen persönlichen Einsatz

bringen. Wer in der Heimat weiß denn Bescheid über das wirkliche Schicksal der Gefangenen? Ab und zu erreichen nichtssagende Postkarten aus Sibirien die Angehörigen daheim. Die reagieren oft verständnislos oder – ja, auch solche Post ist überliefert – nennen es »unverzeihlich«, daß einer »in Gefangenschaft geraten ist«. Das sei doch eine »Schwächeanwandlung« ...
Noch ist Elsa Brändström in keinem Gefangenenlager gewesen. Das ist ihr nächstes Ziel. Dazu braucht sie Geld und Unterstützung von außen. Sie muß die Öffentlichkeit informieren. Plötzlich entwickelt diese junge Frau Fähigkeiten, die ihr abgesprochen wurden. Sie kann z. B. Situationen beschreiben, als sei sie eine Journalistin, die zwei Völker im Krieg beobachtet. Sie hat sich das wohl selbst nicht klargemacht, daß sich ihre Eindrücke aus dem Ersten Weltkrieg wie eine spannende Reportage lesen:
»In jedem russischen Wartesaal hängt ein Heiligenbild mit brennendem Licht. Soldaten treten heran, bekreuzigen sich und stiften eine Kerze – sie sind auf dem Weg zur Front. Mütterchen kommen schluchzend, bekreuzigen sich, knien nieder und senken die Stirn bis zum Erdboden, bekreuzigen sich wieder, wischen die Augen mit dem Pelzärmel und opfern ein großes Licht – ihr Sohn soll vor den Feind. Viele junge und alte Frauen in ihren geblümten Baumwollröcken und kurzen Pelzmänteln, das Tuch um den Fuß gebunden und Filzstiefel an den Füßen, sind Hunderte von Kilometern gekommen, um ihren Söhnen, Brüdern und Ver-

lobten ein letztes Lebewohl zu sagen, bevor sie ins Feld gehen.
Da rollt ein langer Zug in die Station, und aus den aufgeschobenen Türen springen die Kriegsgefangenen hinter den Posten herunter. Bauern und Bäuerinnen gehen rund um die Gefangenen herum. Sie flüstern und fragen und gaffen und kommen näher. Zum ersten Mal sehen sie Gefangene. Aus der Zeitung hat man ihnen die Beschreibung dieser gefährlichen Germanskis vorgelesen. Auch hat der Geistliche über diese Bestien gesprochen. Es ist sehr spannend, sie nun wirklich zu sehen. Immer näher und näher rücken die Bauern an die Gefangenen heran: ›Wie sonderbar ähnlich sie uns sind.‹ Plötzlich faßt ein Bauer einen kühnen Entschluß. Vorsichtig lüftet er die Mütze eines Gefangenen und starrt. Alle starren – es ist kein Horn an der Stirn, wie man von den Deutschen behauptet hat. Die Aufgeklärten unter der Gesellschaft sehen etwas beschämt aus. Für die anderen war es eine angenehme Überraschung.«

Elsa Brändströms Erfahrungen bleiben nicht ohne Konsequenzen: Sie möchte sich für mehr Menschlichkeit einsetzen. Sie sieht, wie sich andere Hilfsschwestern erschöpft und angeekelt aus den überfüllten Lazaretten zurückziehen. Für sie aber beginnt jetzt die *wirkliche Arbeit.*
Ein Vorbild ist für sie die Engländerin Florence Nightingale, die einmal sagte: »Barmherzige Schwestern dürfen nicht wie Engel ohne Hände zwischen den Patienten

umherschweben.« Sowohl die deutsche als auch die russische Regierung rufen das neutrale Rote Kreuz an, das den Austausch der Kriegsinvaliden organisieren soll. Schwerverwundete Deutsche und Österreicher kommen nach Berlin, Russen werden nach Petrograd gebracht. Elsa Brändström und Ethel von Heidenstam stellen sich als Begleiterinnen zur Verfügung. Sie verlassen in Frankfurt an der Oder den Zug und fahren direkt nach Berlin, um mit Prinz Max von Baden zu sprechen, der in der Kriegsgefangenenfürsorge tätig ist.

Die Schwedinnen haben als Muster einen Rucksack mitgebracht. Sie führen vor, was jeder Kriegsgefangene als mindeste Ausrüstung bei sich haben sollte. Zwei Paar Hemden, Unterhosen, Strümpfe, Handschuhe. Pulswärmer, Schal, Taschentücher, Hosenträger, Seife, Löffel und Eßschale, Zahnbürste, Kamm und Nähzeug. Private Paketsendungen bezeichnen sie als zwecklos, weil sie unterwegs verlorengingen.

Die deutsche und österreichische Regierung bitten das Schwedische Rote Kreuz, den Transport der Spenden nach Sibirien zu übernehmen. Elsa und ihre Freundin – sie tragen nun die Tracht des Schwedischen Roten Kreuzes – wollen die Sendungen im Zug begleiten und die Gefangenenlager an Ort und Stelle besichtigen.

Was die beiden Krankenschwestern bislang getan haben, hat zwar Aufsehen erregt, doch allgemein wird ihr Wirken als eine »gute Tat« eingeordnet, die eigentlich alle Frauen leisten können. Jetzt aber: Zwei Frauen wollen nach Sibirien zu den »wilden Gefangenen« reisen?

General Brändström und Legationsrat von Heidenstam werden von allen Seiten bestürmt, diesen »Unfug« nicht zu erlauben. Zwar wird die Gestalt der Pflegerin verklärt gesehen: Nannte man doch schon 1855 Florence Nightingale, die während des Krimkrieges in britischen Lazaretten arbeitete, »Himmelgeschenk«, »Lady mit der Lampe«, »Engel mit süß-ermunterndem Lächeln«. Aber es kursieren auch die schlimmsten Gerüchte: Man munkelt, daß Frauen im Pflegeberuf »drastischen Sinnenreizen« erliegen könnten.

Folgt Elsa etwa aus Liebeskummer einem Gefangenen in die eisige Weite Sibiriens? Läßt sie deswegen ihren verwitweten Vater allein? Ja, auch solche Vermutungen werden geäußert. Abgesehen davon: Ist die Reise an sich nicht schon lebensgefährlich? Verwandte und Freunde, Schweden und Russen versuchen, General Brändström zu überreden, diese waghalsige Reise zu verbieten, jedoch ohne Erfolg.

Edvard Brändström sagt: »Meine Söhne kann ich nicht abhalten, ihrem Gewissen zu folgen. Wie soll ich es da bei meiner Tochter tun? Niemand kann einen Menschen daran hindern, das zu erfüllen, was er als seine Aufgabe erkennt.« Er weiß nicht, daß seine Tochter einen Abschiedsbrief an ihn schreibt, einen Brief, adressiert an »Papa«. Sie versteckt ihn in ihrer Schreibtischschublade. Er soll geöffnet werden, falls sie von dieser Reise nicht zurückkehrt. Der letzte Satz des Briefes lautet: »Hab Dank für das Leben, das Du und Mama mir gaben.«

Am 22. Oktober 1915 besteigen Elsa Brändström und Ethel von Heidenstam gemeinsam mit Graf Stenbock, Ingenieur Karl Rasch und Pastor Wilhelm Sarne von der schwedischen Delegation die Transsibirische Eisenbahn. Nach dreiwöchiger Fahrt treffen sie in Irkutsk ein.
In ihren Aufzeichnungen über die Reise hält sie fest:
»Während der Fahrt entstanden immer Schwierigkeiten, weil Wagen ›warmliefen‹ oder aus anderen Gründen abgehängt werden sollten. Da es zu gewagt war, einen Wagen allein auf einer kleinen Station zurückzulassen, mußten die Begleiter oft tagelang mit dem ganzen Zug warten, bis ein neuer Waggon zur Verfügung stand, es sei denn, daß es ihnen vorher glückte, den ›kranken‹ Wagen für gesund erklären zu lassen. Das kam öfter vor, sobald die Russen sahen, die Delegierten würden den Wagen doch nicht seinem Schicksal überlassen.«
Einen Eindruck, wie die Gefangenen den Transport nach Sibirien erlebten, gibt die folgende Schilderung Propst Juhls:
»Langsam keucht der stark überfüllte Zug den tief verschneiten Ural hinauf. Eine wunderschöne Bergwelt, wenn man sie nicht als Gefangener durchquert! Bisweilen gibt es stundenlang Aufenthalte: Die Strecke muß freigeschaufelt werden! 35 Grad Kälte! Oder gar 40 bis 50 Grad! Die Gefangenen arbeiten ohne Handschuhe. Schließlich rattert und schaukelt der Transport weiter, erreicht den letzten Höhenzug und fährt in die Steppe hinab. Blutrot geht die Morgensonne über der sibirischen Welt auf: eine endlose, über 5000 Kilometer weite

weiße Schneewüste. Stumm stehen die Gefangenen an einem Spalt der Wagentür oder lugen von der obersten Pritschenreihe durch den schmalen, vergitterten Fensterschlitz. Zum ersten Mal sehen sie das Land ihres Schicksals. Keine Grenze ist zu erkennen, kein Horizont. In nebelhafter Ferne verschwimmen Erde und Himmel in eins, Gleichnis der Ewigkeit und zugleich ihrer Gefangenschaft. Weiter rollen, rattern und wanken die Wagen, wochenlang, Tag und Nacht. Märchenhaft und gespenstisch breiten sich die endlosen Urwälder der Taiga aus. Die Kriegsgefangenen grübeln über das eigene kommende Schicksal und sinnen auch der vergangenen Geschichte des Landes und seiner Menschen nach. Es ist eine Geschichte unermeßlicher Qualen und trostloser Verbannungen, in die nun ihr eigenes Schicksal eingewoben wird.«

Und wie erlebt eine Frau das Schicksal der Gefangenen? Von Elsa Brändström ist ein Brief erhalten, den sie am 29. November 1915 aus Krasnojarsk an ihren Vater schickte:

»Vielgeliebter Vater! Laß mich erst einmal sagen, wie sehr ich Dich vermisse. Für mich ist es wichtig, daß Du mich verstehst. Denn ich kann nicht daran denken, zu Dir zu fahren, solange ich den Menschen hier eine Freude machen kann. Du weißt, daß wir hierherkamen und Elend und Not uns erwarteten. Aber die Wirklichkeit ist noch viel schlimmer. Ohne zu übertreiben glaube ich, daß Ethel und ich die einzigen Freiwilligen sind, die den Gefangenen mehr geben als Kleidung. Ich

glaube, daß wir beide die Menschen in dieser Situation besser verstehen – vielleicht, weil wir Frauen sind.«
Dieser Brief sagt viel über das Verhältnis zwischen Elsa Brändström und ihrem Vater aus, dem »général furieux«, wie er genannt wurde. Wenn man bedenkt, daß General Brändström wochenlang auf ein Lebenszeichen seiner Tochter warten mußte, dann mögen diese wenigen Zeilen einem sehr karg vorkommen.
»Aber die Wirklichkeit ist noch viel schlimmer.« Mehr verrät sie nicht über das, was sie tatsächlich Tag für Tag erlebt. Sie weiß, daß ihr Vater zwischen den Zeilen lesen kann. Wenn sie ihm mitteilt, daß sie und Ethel den Gefangenen »mehr geben als Kleidung«, dann ist sie sicher, er begreift: Hier wird keine einmalige Hilfsaktion gestartet, die man schnell mit ein paar Liebesgaben wieder beenden kann.
»Du mußt dich ganz einer Aufgabe hingeben, wenn du sie als richtig für dich erkannt hast.« Das sind Sätze, die Edvard Brändström in Schweden seiner kleinen blondzöpfigen Tochter einprägte. Die erwachsene Elsa Brändström handelt danach, unbeirrbar.
Krasnojarsk, das Lager, aus dem sie den Brief an ihren Vater schreibt, besteht aus Steinkasernen und Erdbaracken. Sämtliche Baracken sind überbelegt. Von den Gefangenen sind im Winter 1914/15 mehr als 1000 an Flecktyphus gestorben. Ein Krankenhaus ist nicht vorhanden. Medikamente und Instrumente fehlen, die Ärzte arbeiten mit Taschenmessern. Wer an der Epidemie gestorben ist, wird auf einen flachen Schlitten gela-

den, dann wird der Schlitten am Rande eines Massengrabs umgekippt. Die Grube bleibt so lange offen, bis sie ganz voll ist.
Elsa hört einen inspizierenden General lapidar sagen: »Im Schützengraben sterben noch mehr Menschen.«
Weihnachten 1915 lernt Elsa Brändström das Lager Srjetensk kennen. Auch hier ist eine schwere Flecktyphus-Epidemie ausgebrochen. Die Kranken liegen zu zweit auf eisernen Bettstellen ohne Stroh. Manche haben für sich ein Stück Holz als Kopfpolster »ergattert«. Es gibt kaum so viel Wasser, daß jeder einen Becher voll bekommen könnte. Das soll zum Trinken, Waschen und Kochen ausreichen. Man weiß, daß ein leeres Krankenhaus verschlossen dasteht. Es ist bekannt, daß eine amerikanische Ambulanz mit Ärzten, Schwestern und Medikamenten beantragt hat, nach Sjretensk reisen zu dürfen. Vergeblich.
Es müßte sich jemand energisch dafür einsetzen. Wie gesagt, mit »barmherzigen Schwestern, die im Himmel schweben«, ist hier keinem geholfen.
Noch verfügt Elsa Brändström nur über geringe Russischkenntnisse. Das aber hindert sie nicht daran, klare, harte Forderungen zu stellen. Sie zwingt russische Lagerkommandanten, in ihrer Begleitung durch alle Baracken zu gehen und sofort Maßnahmen zu ergreifen. Wie sich das auswirkte, ist in Dwingers Roman »Armee hinter Stacheldraht« beschrieben:
»Seit gestern werden die Abortgruben geleert, mit frischem Chlorkalk bestreut, die Baracken gelüftet, die La-

gerhöfe gekehrt. In der Küche ist großes Scheuerfest, und die Barackenältesten sind angewiesen, in jeder Beziehung auf Sauberkeit zu halten. Ein paar russische Ärzte gehen durch sämtliche Abteilungen, holen alle Schlechtaussehenden heraus und stecken sie zu unserer Überraschung ohne jede Untersuchung ins Lazarett. Bis dahin nahm man nicht einmal die Kränksten auf.«

Skeptisch verfolgen die Gefangenen die Verbesserungen. Gegen Mittag kommen russische Generale ins Lager. Begleitet werden sie von einer großgewachsenen blonden Frau in Schwesterntracht. Und der 17jährige Kriegsgefangene erzählt weiter über diese Frau, Elsa Brändström:

»Sie durchquert das ganze Lager, visitiert jede Baracke. Wir stehen militärisch vor unseren Pritschen aufgebaut. Die blonde Schwester tritt entschlossen auf, fragt hier und dort, notiert sich alles. Die Generale drängen vorwärts, sie läßt sich Zeit. ›Nur ruhig, meine Herren! Eins nach dem andern . . .‹«

Einer der Gefangenen nimmt seinen ganzen Mut zusammen und sagt der Schwester, daß es hier absolut nicht immer so sauber aussähe. Und außerdem sei es nur ihrer Ankunft zu verdanken, daß Schwerkranke im Lazarett liegen dürften. Sie notiert sich das, gibt ihm die Hand, bedankt sich für die Auskunft. Als sie das Lager verläßt, ruft ein Plenny: »Jetzt wird es besser, ihr sollt sehen! Sie kommt jetzt regelmäßig in die Lager, behält ganz Sibirien unter Aufsicht.« Ganz Sibirien unter Aufsicht behalten . . .

Elsa Brändström kennt mittlerweile jedes Lager. Sie fürchtet sich nicht vor ansteckenden Krankheiten. Sie hat auch keine Angst davor, mit »gefährlichen« russischen Lagerkommandanten zu verhandeln. Das heißt: Sie verhandelt nicht. Sie gibt Anweisungen.
Mitunter fühlt sie sich in diesem unheimlichen Sibirien wie eine Nonne. Briefe, die sie von zu Hause bekommt, nehmen ihr die Ruhe. Sie hat alle privaten Bindungen gelöst. Erinnerungen an ihr Leben früher sind wie ausgelöscht. »Sibirien«, sagte sie Jahre später, »Sibirien war mein Kloster.«
Die eindringlichste ihrer Schilderungen über sibirische Gefangenenlager ist die über das Lager Totzkoje. Wer diesen Bericht aufmerksam liest, spürt, wie erschüttert Elsa Brändström war – und warum es für sie immer wichtiger wurde, ganz entschieden Hilfe zu leisten:
»In der Orenburger Sandsteppe lag an dem kleinen Flusse Samarka das Kriegsgefangenenlager, über dessen Tür unsichtbar Dantes Worte standen.

> Ich führe dich zum Tal der Verlorenen,
> ich führe dich zu unbegrenztem Leid.

Es ist Totzkoje – das Grab für 17 000 Kriegsgefangene von 25 000.
März 1915 kamen die ersten Gefangenentransporte in die noch unfertigen Holzbaracken. Erst nach und nach wurde der Boden mit Ziegeln gepflastert und das Dach mit Erde beworfen, doch blieben die Gebäude nach wie vor nicht für den Winter eingerichtet.

Während des Sommers war das Lager überfüllt, und im Herbst brach eine Flecktyphus-Epidemie aus, die den ganzen Winter über wütete. Mit leeren Händen sollten einige russische und kriegsgefangene Ärzte die Seuche bekämpfen. Arzneimittel, Stroh, Wäsche, Holz und Wasser – alles fehlte. Der Schnee bedeckte die Fenster, so daß es den ganzen Tag dunkel blieb.
In jeder Baracke liegen auf den nackten Pritschen bis zu 800 Mann, Kranke und Gesunde durcheinander, beinahe unbekleidet, mit Ungeziefer übersät und unterernährt. Um die unteren Pritschen schlägt man sich, weil die Fiebernden nicht zur dritten und vierten Reihe hinaufklettern können.
Alles ist wie erstorben. Man hört nur das Stöhnen der Kranken. Schwer drückt die feuchte Luft; es gibt keine Latrine, und die Sterbenden vermögen sich nicht mehr in den Schnee hinauszuschleppen. Schließlich bestimmt der Kommandant vier leere Baracken als ›Isolierbaracken‹. Aber die Kranken haben nur den einen Wunsch, unter den noch gesunden Kameraden zu bleiben, wo sie ein wenig Hilfe und ein freundliches Wort finden, und nicht in die Isolierbaracken geschickt zu werden, in denen eine Reihe phantasierender, sterbender Menschen über der anderen liegt.
Die abgearbeiteten Krankenpfleger sind abgestumpft und geben den Kampf auf. Womit sollen sie helfen, wenn nichts dafür vorhanden ist, nicht einmal Holz, um die täglichen qualvollen Erfrierungen an Händen und Füßen bei den Kranken zu verhindern?

Wer im Todeskampf von den oberen Pritschen herunterfällt, bleibt auf dem Steinboden liegen, bis ein anderer ihn anstößt und zur Seite schiebt. Der Körper eines Toten ist manchmal die einzige Stütze des noch lebenden Nachbarn und wird erst nach Tagen entfernt. So mischt sich der Gestank der Lebenden mit dem Leichengeruch.
Zur Untersuchung strömen Scharen von hochfiebernden Menschen. Die Ärzte gruppieren sie in ›Leichtkranke‹, die noch einige Tage zu leben haben, und ›Schwerkranke‹, mit denen es in wenigen Stunden zu Ende geht . . .
Es liegt wie ein Fieberwahn über allem Denken. Soll eines Tages keiner mehr leben? Soll niemand aus dieser Hölle herausfinden? Sollen alle den Verstand verlieren?
Bis zu 2500 Leichen liegen unbegraben angehäuft; Ratten und Hunde nagen an ihnen. Dann bringt man sie zu 30 auf einen Schlitten, schlingt ein Seil um die Last, und die Totengräber – gefangene Kameraden – setzen sich darauf. Wie können sie das? Nur der Außenstehende stellt eine solche Frage. Im Lager achtet niemand auf diese Leichenwagen, denn hier ist Denken, Gefühl und Vernunft völlig abgestorben.«
Damit Denken, Gefühl und Vernunft in ihr lebendig bleiben, konzentriert sich Elsa Brändström nur noch auf sich selbst und ihre *Aufgabe*. Was für sie gilt, ist die Gegenwart, das *Jetzt*, der Einsatz, den sie bringt. Sie wird später, wenn sie nach Erlebnissen in Sibirien gefragt wird, neugierige Fragen unwillig abwehren. Sie wird sa-

gen, daß nach diesem Krieg nur eins wichtig ist: die Zukunft.
In Sibirien, in diesem »Klosterdasein«, ordnet sie ihr eigenes Ich ihrer Arbeit unter:
»Das eigene Leben schien so unwichtig. Ein merkwürdig befreiendes Gefühl, wenn es einem einmal so recht in die Seele eingedrungen ist.«

»ANGST VOR DEM EIGENEN ICH«

Wie lange kann ein Mensch selbst-vergessen nur für andere leben? Wie hält es eine junge Frau aus, ständig auf ihre eigenen Bedürfnisse zu verzichten? Wie wird eine Dreißigjährige damit fertig, daß sie für andere »Mutter« und »Sonne« ist – und für sich selbst nichts?
»Sie ist der erste Sonnenstrahl in unserem Leben«, sagen die Kriegsgefangenen über Elsa Brändström. Einer von ihnen, Viktor Buchgraber, widmet ihr ein Gedicht:

Unsere Sonne

Ein kleines Wort im Vorübergehn,
Ein Gruß, ein Dank, ein freundliches Lachen,
Sonne! Wie kannst du uns glücklich machen,
Wie uns so lang nicht mehr geschehn . . .
Wenn wir nach dunkler Nacht dich sehn.

Uns ist der ganze Tag geweiht,
Da wir am Morgen dich getroffen.
Die Not wird lind, verklärt das Leid.
Du bringst uns neues, sel'ges Hoffen.
Komm wieder! Komm oft in trostarmer Zeit.

Und ein anderer Gefangener äußert sich so: »Wenn wir denn untergehen, die Heimat nicht wiedersehen sollen, dann lasse uns der Herrgott den letzten Atemzug tun unter den tröstenden Augen unserer Elsa Brändström, unserer großen und guten Mutter.«
Zwischen 1915 und 1918 begibt sich Elsa Brändström dreimal auf die gefährliche Reise nach Sibirien. Zwischendurch kehrt sie nach Petrograd zurück, erlebt den Beginn der zweiten Russischen Revolution, bittet in Stockholm, Berlin und Wien bei Königin Viktoria von Schweden, Kaiserin Auguste Viktoria von Deutschland und Kaiserin Zita von Österreich-Ungarn um Hilfe für die Kriegsgefangenen.
Was wissen wir von den Krisen, die Elsa Brändström in jenen Jahren durchmachen mußte? War sie immer nur »barmherzig« und »ein Sonnenstrahl« und »voll liebender Kraft«?
Ihre Gesichtszüge – das zeigen Bilder – werden härter. Stärker tritt ihr Kinn hervor: ein Kinn, das Entschlossenheit verrät und Durchsetzungskraft. In einem merkwürdigen Gegensatz dazu stehen ihre Augen, ein durchdringender Blick, aber so strahlend, als schaute einen ein glückliches Kind an: voller Vertrauen auf das, was morgen kommt. Sie sieht einen an wie eine, die denkt: »Was mich nicht umbringt, macht mich stärker.«
Vieles hätte sie *umbringen* können. Physisch und psychisch. Schon auf ihrer ersten Sibirienreise erkrankt Elsa Brändström an Flecktyphus. Im Lager Srjetensk hat sie

sich angesteckt. Es gibt kein Krankenhaus in der kleinen Stadt. Elsas Freundin Ethel von Heidenstam erkennt als erste die Symptome der Krankheit. Sie handelt blitzschnell und verständigt die amerikanische YMCA (Christlicher Verein Junger Männer), die ebenfalls in der Kriegsgefangenenhilfe tätig sind. Man solle sie und die erkrankte Elsa am Bahnhof von Irkutsk abholen. Aber:

»Auf der Station Irkutsk gab es weder Bahren noch Krankenwagen«, erinnert sich Ethel von Heidenstam. »Wir nahmen nun einige Rodelschlitten, und in meiner Verzweiflung holte ich Matratzen aus dem Zug, um die Kranke darauf zu betten. Die Stadt Irkutsk liegt eine erhebliche Strecke entfernt von der Bahnstation, auf der anderen Seite des Flusses Angara. Die amerikanischen jungen Männer zogen die Rodelschlitten, aber es war so kalt, daß man es immer nur zehn Minuten aushielt, da die Hände gefühllos wurden und unaufhörlich warm gerieben werden mußten. Das war eine seltsame Fahrt. Das Wasser der Angara schimmerte smaragdgrün zwischen den Eisblöcken. Die Schlitten, denen man begegnete, wurden von stattlichen, prächtigen Pferden gezogen. Die Menschen darin waren eingehüllt in warme Samtdecken – rot, blau und orangefarben –, eingefaßt in Bärenfell. Unsere Karawane warf lange, blaue, düstere Schatten über den glitzernden Schnee. Tiefe Einsamkeit breitete sich über die ringsum weite weiße Welt. In der Ferne hörte man Hundegebell und fragte sich, ob es nicht Wölfe seien, deren Geheul, wie der Volksglaube meint, von den Verbannten kommt, die nach Rache rufen.«

Was mag Elsa Brändström in ihren Fieberträumen durch den Kopf gegangen sein? Tatsächlich ist sie in ein heiseres Lachen ausgebrochen, als einer der jungen Männer sie fragte: »Sie werden uns doch wohl nicht sterben?«

Ethel von Heidenstam und die jungen Amerikaner sind mit der todkranken Elsa Brändström bis zwei Uhr nachts durch die Stadt geirrt, ehe sie ein Lazarett fanden, das die Kranke aufnahm. Gefangenen helfen: Ja, das war eine gute Tat. Aber bitte: nicht selbst auch noch krank werden und dann andere anstecken!

Kälte. Hunger. Flecktyphus. Nun erlebt Elsa Brändström am eigenen Leib das, wogegen sie für andere kämpfen will. Langsam, ganz allmählich erholt sie sich von der schweren Krankheit.

Kurz darauf zeigt sich, daß ihr Mut und ihr Optimismus wieder ungebrochen sind. Auf eine ganz ungewöhnliche Art rettet sie einen Gefangenen, der zum Tod verurteilt ist. Und zwar so:

Der schwedische Pastor Herman Neander hat in Rußland studiert und ist schwedischer Delegierter für die russischen Kriegsgefangenen in Deutschland gewesen. Er besitzt eine russische Bibel, einen wertvollen Faksimiledruck, der in der slawischen Welt hochgeschätzt wird. Gemeinsam mit Pastor Neander versucht Elsa Brändström, den russischen Gouverneur zu überzeugen, man solle in diesem Fall von dem Todesurteil absehen. Vergeblich.

Da ruft Elsa plötzlich, mitten in der Verhandlung, auf schwedisch: »Lauf nach der Bibel, Pastor!«
Und es geschieht etwas ganz Merkwürdiges. Diese Bibel, die dem Pastor für seine Hilfe an russischen Kriegsgefangenen geschenkt wurde, erweicht das Herz des Gouverneurs. Er hebt das Todesurteil auf.
Der Gefangene kommt in ein gewöhnliches Kriegsgefangenenlager. Elsa hat mit ihrer spontanen Äußerung einem Fremden das Leben gerettet. Man kann sich vorstellen, daß sie anschließend darüber lachte. Mit diesem tiefen, ganz von innen kommenden Lachen, das schon als Kind typisch für sie war.
Lachend hat sie später auch eine Episode geschildert, in der sie in Lebensgefahr war, hilflos und einsam dem Tod ausgeliefert:
Ein Kutscher, dick vermummt, sitzt vorn auf der Troika und jagt durch die tiefverschneite sibirische Steppe. Elsa liegt hinter ihm in der Mulde eines kleinen Schlittens. Der Weg zum nächsten Lager wird noch Stunden dauern. Plötzlich wird Elsa vom Schlitten geschleudert. Der Kutscher rast weiter. Elsas Rufe hört er nicht. Dichter Schnee fällt vom Himmel, der Wind heult. Ansonsten dringt kein Geräusch zu Elsa. Mit jedem Schritt sinkt sie tiefer in den Schnee ein. Sie weiß, daß es sinnlos ist, irgendwo ein Ziel zu suchen. Und wenn Wölfe kommen? Und wenn die Kräfte sie verlassen? Elsa kämpft gegen ihre Angst, wehrt sich gegen die Müdigkeit. Sie will nicht aufgeben, und dennoch ist ihr klar, daß sie rettungslos verloren ist. Es sei denn, ein Wunder geschähe ...

Das Wunder geschieht wirklich. Nach zwei Stunden Fahrt bemerkt der Kutscher entsetzt, daß der Schlitten hinter ihm leer ist. Er wendet die Troika und rast zurück. Der Weg ist verweht und zugeschneit. Trotzdem findet er die völlig erschöpfte Frau. Elsa ist stundenlang immer im Kreis gegangen.

Kann man sich eine solche Frau traurig, erschöpft und enttäuscht vorstellen? Elsa, der »lebensfrohe blonde Engel«, schreibt 1918 in ihr Tagebuch, daß sie sich weit fort sehne von den Gefangenen:

»Den ganzen Vormittag gequält von einer infernalischen Sehnsucht, nach Hause zu fahren und ein neues Leben anzufangen, ein eigenes, privates Leben; sage mir aber vergeblich, daß ich getan habe, was ich konnte ... Wie schwer ist es manchmal zu wissen, was das Richtige ist! Mitunter ist mir manchmal, als ob ich das größte Verbrechen begangen hätte. Aber gleichzeitig frage ich mich, ob ich nicht so denke, weil es mir so schrecklich weh tut in der Brust. Wenn es ein Mann gewesen wäre, der anders als ich gehandelt hätte vis-à-vis dieser Reise, so hätte ich ihn als einen Schwächling angesehen. Warum sollte ich denn, weil ich eine Frau bin, mich selbst mit anderem Maß beurteilen? Daß ich persönlich mir unendlich viel vorzuwerfen habe, was ich anders hätte machen können, dafür habe ich keine Entschuldigung und kann ich niemals eine Entschuldigung finden. Aber in den äußeren Linien, mit dem Fortsetzen der Arbeit, bis sie fertig ist, da bin ich immer noch der Ansicht, daß ich richtig gehandelt habe, wie schicksalsschwer es auch für

mich geworden ist. Aber dabei ist wohl der Mangel an weiblichen Anlagen ausschlaggebend.
Und doch brennt trotz allem tief drinnen die Hoffnung, daß das Leben gut ist – auch für mich. Wenn nicht, dann habe ich nur noch einen Wunsch: an der Seite meiner Mutter zu ruhen. Einsam kämpfen kann ich nicht . . . Es ist eine solche Unruhe in meiner Brust, daß ich oft, oft nicht glaube, daß mein Verstand ausreichen wird, um sie zu löschen. Die Sehnsucht nach Glück und Ruhe, wovon ich geträumt habe, ein Traum, der jetzt vor meinen Augen ein Nebel wird, der mit der Zeit immer mehr zerstreut werden wird, bis ich vor der kalten, kahlen Wirklichkeit stehe . . . Nein, dann ist es besser, nicht mehr zu leben . . . Ich bin so müde, ich möchte nur frei sein von meinem eigenen Ich. Und dies ist wohl das einzige im Leben, wovon man nicht frei werden kann.«
Elsa Brändström ist 30 Jahre alt, als sie diese Sätze in ihr Tagebuch schreibt. Ein Alter, in dem viele Frauen verheiratet sind und Kinder haben. Denkt sie mitunter, daß diese »weiblichen Anlagen« in ihr verkümmern? Welcher Art ist die »Unruhe«, die sie in ihrer Brust fühlt? Sie notiert auch: »Ich bin nicht als Frau, sondern als Mensch erzogen worden.« Sieht sie das als Vorteil an, oder schwingt da ein leises Bedauern mit? Warum möchte sie frei sein von ihrem eigenen Ich? Die Freundin Elsa Björkman, die diese Stelle im Tagebuch nach Elsa Brändströms Tod gefunden hat, meint, daß eine unerfüllte Liebe zu den Depressionen geführt haben

könnte. Elsa war mit einem jungen Offizier befreundet. Sie entschied sich aber dafür, ihre Aufgabe über alles zu stellen.
»Nein – wir konnten uns überhaupt nicht vorstellen, daß Schwester Elsa je heiraten würde.« Das ist noch heute eine Aussage derer, die Elsa Brändström kannten. Sie war »Schwester Elsa« und »Mutter Elsa«. War es für viele. Das ließ keinen Platz für ein privates, kleines Glück. Elsa scheucht Gedanken daran aus ihrem Kopf. Männer, die viel älter sind als sie, betrachten sie als »Mutter«, sagen über sie: »Überallhin bringt sie Heimat und Herz.«
Sie richtet von Moskau bis Chabarowsk Stützpunkte ein und verteilt die Helfer auf die einzelnen Stationen. Sie selbst übernimmt Pensa, Ethel von Heidenstam Charkow. Im Sommer 1916 muß das Hilfswerk noch einmal erweitert werden. Eine besondere Bedeutung kommt dabei Moskau zu, das Elsa Brändström für sechs Monate übernimmt.
In diese Entwicklung bricht der Umsturz, der im Jahr 1917 die Zarenherrschaft erschüttert und in die Geschichte als »Oktoberrevolution« eingeht. Es kommt zum Friedensschluß. Aber die Hoffnung der Kriegsgefangenen auf eine rasche Heimkehr erfüllt sich nicht. Etwa 435 000 Kriegsgefangene in Sibirien sind durch den Ausbruch des Bürgerkrieges zwischen »Weißen« und »Roten« abgeschnitten.
Zu diesem Zeitpunkt ist Elsa Brändström zum dritten Mal unterwegs nach Sibirien. Sie wird gefangengenom-

men und als »Spionin« vor ein Kriegsgericht gestellt. Während sie – eingesperrt in einem Eisenbahnwaggon – auf die Verhöre wartet, verschluckt sie unter einer Decke, die sie sich über den Kopf gezogen hat, seitenweise ihre Tagebuchaufzeichnungen und zerkaut die Briefe von Gefangenen. Die Tinte färbt ihre Lippen tiefblau. Draußen auf beiden Seiten des Zuges patrouillieren Wächter. Sie ist eingesperrt. Hinter Gittern erwacht sie und wird verhört. »Bei dieser Kälte sind meine Lippen immer so blau«, sagt sie, als sie auf ihr merkwürdiges Aussehen angesprochen wird. Schließlich erlaubt man ihr die Weiterreise.

Im Sommer 1919 richtet sie ihr Quartier in Krasnojarsk ein. Dort lebt sie im Kriegsgefangenenlager. In einer der Baracken bauen Gefangene einen kleinen Verschlag für sie, zimmern Möbel, basteln ihr Hausgerät. Sie arbeitet als »Sanitätsunteroffizier«.

In dieser Zeit erreicht sie ein Telegramm aus Schweden. Ihr Vater ist lebensgefährlich erkrankt. »Ich weiß, daß er mich braucht«, sagt Elsa. »Aber er ist nur *einer,* und hier brauchen mich *viele.*«

Der Krieg ist zu Ende, aber sie bleibt in Sibirien. Ihr eigenes Ich scheint ausgelöscht zu sein. Nur noch eines zählt: die *Aufgabe.* »Du warst unser bester Kamerad«, bescheinigen ihr die Gefangenen später. Und ein Arzt schreibt: »Unter all den Ehrennamen, die man Schwester Elsa gegeben hat, hat man einen vergessen, den niemand mit ihr teilen kann: *der freiwillige Kriegsgefangene.*«

Es gibt keine Äußerungen von ihr darüber, wie sie diese

Zeit erlebt hat. Sie muß mitbekommen haben, was später Magnus Hirschfeld in seiner »Sittengeschichte des Ersten Weltkriegs« zusammentrug und veröffentlichte. Es kann ihr nicht entgangen sein, wie nach so vielen Jahren Gefangenschaft die »Verrohung« um sich griff. Onanie, Homosexualität, Transvestitismus hinter dem Drahtzaun. Heimliche und offene Bosheiten, Haß, Verzweiflung, Bitternis hinter Stacheldraht.

Ihr kann das nicht verborgen geblieben sein. Aber sie hat, wie gesagt, nie dazu Stellung genommen. Berichtet wird über sie, daß sie Ekel nicht kannte, daß sie Hunde- oder Pferdefleisch hinunterwürgte, wenn es keine andere Nahrung gab, und daß ihr kein Dienst in der Krankenbaracke widerwärtig war. Ein Gefangener: »Ich bin ja ein Mann und nur ein einfacher Arbeiter. Aber ich versichere, daß ich *die* Arbeit, die sie tat, nicht hätte aushalten können.«

In Krasnojarsk ist Elsa die einzige Frau, die Gefangenen hilft. In den übrigen sibirischen Lagern aber sind längst auch schon andere »barmherzige Schwestern« eingetroffen, die sich wohl in der Rolle fühlen, mit milder Hand Liebe und Trost zu spenden. Es ist in diesem Zusammenhang interessant, in Tagebüchern zu blättern, die Zeitgenossinnen der Elsa Brändström geschrieben haben. So schildert Nora Gräfin Kinsky in ihrem »Russischen Tagebuch« lebhaft und anschaulich, wie sie diese »elenden Nächte« erlebt: »Grauenhaftes geschieht. Man hört das Stöhnen der Verwundeten und Sterbenden. Ich werde mich doch anziehen und hinuntergehen. Vielleicht kann man diesen Unglücklichen helfen.«

Über Elsa schreibt sie: »Ich habe Elsa Brändström gesehen, die Tochter des schwedischen Gesandten. Sie ist wirklich charmant und arbeitet unermüdlich für die Kriegsgefangenen. Sie hat im vorigen Jahr in Sibirien Schreckliches erlebt.« An einer anderen Stelle heißt es: »Wie unangenehm diese dreckigen Leute sind!« Und angeekelt vermerkt sie: »Man erwartet heute einen Transport von 150 Kranken, die man in den Saal neben meinem Zimmer stopfen wird. Eine schöne Aussicht!«

Währenddessen gelingt es Elsa Brändström, in Krasnojarsk die Todesziffer der Erkrankten von 80 auf 18 Prozent zu senken.

»Ach, das ist nur eine kleine Grippe«, behauptet sie, als ihr eines Tages schwindlig und übel wird. Der Arzt, der sie behandelt, läßt sich nicht von ihr beschwichtigen. Er sieht, daß sie am Ende ihrer Kraft ist. Sie hat keine harmlose kleine Grippe. Das Fieber steigt. Sie murmelt Sätze, die schwer zu verstehen sind. Von einer »Fahne« spricht sie, von einer »Fahne, in die sie eingewickelt werden möchte«.

Zunächst begreift niemand, was das bedeuten soll. Die Gefangenen sind ratlos, verwirrt, ängstlich. Sie spüren, daß ihr Kamerad – und Elsa ist ihr Kamerad – sich dem Tod nahe fühlt und einen letzten Wunsch äußern möchte.

Manche empfinden es fast wie einen Verrat, daß Elsa auf einmal so schwach ist. Sie muß doch für alle da sein. Sie

ist der gute Geist, der alle aufrecht hält. Sie kann doch nicht auf einmal »schlappmachen«. Aber es geht ihr von Tag zu Tag schlechter.
Einer glaubt, verstanden zu haben, daß sie nach ihrem Tod in die schwedische Flagge gewickelt werden möchte. Ein anderer gibt ihm recht: Ja, ganz klar, Elsa hat Angst vor dem Massengrab. Sie weiß, wie ein Leichenbegräbnis in Sibirien aussieht. Es ist merkwürdig – in ihrer Todesangst schreit sie immer wieder heraus, wie sehr sie ein Massengrab fürchtet.
Die Männer, die sie »Kamerad Elsa« nennen, verstehen sie. Mit klobigen Händen zimmern sie einen Sarg, den sie vor ihrem Bett abstellen. Darin, das versprechen sie der Todkranken, wird sie beerdigt werden.
Sie hat ihr eigenes *Ich* allem untergeordnet. Vom Verzicht auf ein »eigenes, privates Leben« hat sie in ihrem Tagebuch geschrieben. Einen »eigenen, privaten Tod« bietet ihr jetzt dieser Sarg.
Nein, ich will noch nicht sterben.
Besser als alle Medikamente hilft ihr diese komische kleine Holzkiste: Elsa Brändström will noch leben. Elsa Brändström wird wieder gesund.

Fünf Männer, die mit ihr in Krasnojarsk die bitterste und schwierigste Zeit ihres Lebens verbrachten, sollen hier zu Wort kommen. Der Hochschulprofessor Peter Danckwortt nennt sie »unsere Elsa«. Er berichtet:
»Es gab unter den Kriegsgefangenen in Sibirien etliche, denen es verhältnismäßig gut ging. Zu diesen gehörten

auch wir zwei deutsche Chemiker, die wir für die Apotheken der Stadt und des Lagers Arzneimittel fabrizierten. Wir verdienten genügend Geld, so daß wir nicht nur bedürftige Kameraden unterstützen, sondern auch für Zeiten der Not etwas zurücklegen konnten. Dazu gehörten auch zwei Flaschen wirklichen, richtigen Weines. Woher wir diese Flaschen erhalten hatten? Vielleicht von ausländischen Truppen, aber das ist nicht mehr festzustellen. Jedenfalls war es in der Stadt Krasnojarsk ein ganz wertvoller Schatz, den wir für irgendeine große Feier aufheben wollten. Da hörte ich eines Tages, daß Schwester Elsa krank geworden sei. Wir waren uns sofort einig, daß es wohl keine bessere Verwendung für unseren kostbaren Wein gebe und schickten ihn der Kranken. Nach geraumer Zeit treffe ich Schwester Elsa auf der Straße, frage nach ihrem Befinden und erkundige mich, wie ihr der Wein bekommen sei. Da erwiderte sie lachend: ›Den Wein habe ich mir aufgespart für meine Kranken im Kriegsgefangenenlazarett!‹«

Der Postschaffner Karl Reichpietsch hat neben Elsa Brändström als Krankenpfleger gearbeitet, bis sie zusammenbrach:

»Ihre Fieberphantasien drehten sich um die Schrecken des Massengrabes, das sie ja oft gesehen hatte in seiner grausigen, erbarmungslosen Furchtbarkeit. Immer wieder rief sie, man möchte sie in die schwedische Flagge wickeln, wenn sie tot sei. Da fand die Angst und die Sorge der Plennys um ihr Leben ein Beruhigungsmittel. Sie zimmerten einen Sarg, brachten ihn ihrer Schwester

Elsa an das Lager und versprachen ihr, daß sie darin begraben werden würde. Da wurde sie ruhiger, und Gott erhielt uns Ärmsten der Armen dieses Leben, das die Rettung für Hunderttausende wurde ... Wie gut ließ sich unter ihr arbeiten, stets war sie guter Laune, immer kameradschaftlich und herzlich – und wie mag es wohl manchmal in ihrem Inneren ausgesehen haben bei all dem Elend, den Toten und Sterbenden?«

Der Tischlermeister Alfred Schmidt erinnert sich in erster Linie daran, daß sie den Gefangenen Arbeit gab:

»Sie brachte Stoffe und Leder und richtete Schneider- und Schuhmacherwerkstätten ein. Ein Orchester wurde gegründet, das mit teils von ihr geschenkten, teils selbstangefertigten Instrumenten unter Leitung des Kapellmeisters Unger vom Düsseldorfer Stadttheater spielte. Ein Theater wurde eröffnet. Unter anderem gab es 104mal ›Die Fledermaus‹, den dritten Akt aus dem ›Tannhäuser‹ und Björnsons ›Über unsere Kraft‹ ... Wir mußten aus dem Nichts gestalten. Aus den allerprimitivsten Mitteln bauten wir unsere Bühne und fertigten die Requisiten an. Mit Begeisterung schloß ich mich diesem Unterfangen an und arbeitete nun auch künstlerisch.«

Elsa Brändström. Diesen Namen kennen alle Gefangenen in Sibirien. Dazu der Lehrer Walter Doering:

»Was sie für uns Kriegsgefangene getan hatte, das war in ganz Sibirien bekannt. War durch mündliche Überlieferung von den so oft verschickten Plennys von Lager zu Lager getragen. Nicht nur ihre aufopfernde Fürsorge.

Auch ihre bewundernswerte Tapferkeit. Ihre Nichtachtung des eigenen Lebens, um uns zu helfen! Die russischen Lagerkommandanten hatten gewaltigen Respekt vor ihr. Hatten sie Wind davon bekommen, daß sie in der Nähe war, ging der in Rußland unsterbliche Potemkin um. Das heißt, man machte schnell alle möglichen Verbesserungen im Lager – für 24 Stunden –, bloß es nützte ihnen nichts, Schwester Elsa zu betrügen!«

Eine letzte Aussage schließlich, eine Aussage, in der deutlich wird, wie die Jahre zwischen 1914 und 1920 Elsa Brändström geprägt haben. Der Gefangene Freiherr von Gayl, der sie seit Jahren kennt, trifft die junge Frau in Krasnojarsk wieder und beschreibt sie mit folgenden Sätzen:

»So war ihr Gesichtsausdruck entschlossen, fast männlich geworden, ihre Haltung straffer, und ihr Blick konnte etwas Nachdenkliches haben, als wenn sie versuchte, den Sinn allen Elends zu erforschen, das sie gesehen hatte. Ihr Gang war elastisch geblieben wie früher, und weder die frühlingshafte Frische in ihrem Auftreten noch ihr ungebrochener Mut ließen etwas von dem ahnen, was auf sie eingestürmt war.«

Elsa, die Entschlossene, die Elastische, die Energiegeladene, die Frau, die ihr eigens Ich zurückgestellt hat, sie wird wenige Monate später in tiefer Depression diesen Satz sagen:

»Mein Leben ist leer, meine Aufgabe zu Ende!«

»ALLES ERLEBEN – BIS AUF DEN GRUND«

Im Juli 1920 kehrt Elsa Brändström nach Schweden zurück. Sie hat ein zweites Telegramm erhalten, in dem es heißt, daß ihr Vater im Sterben liegt. Ein Telegramm, das drei Monate alt ist . . .

Die Kommunisten unter den Kriegsgefangenen verhelfen ihr zu der Erlaubnis, das Land zu verlassen.

In Omsk muß Elsa ihre Reise unterbrechen. Man hält sie dort als Geisel fest, weil der bolschewistische Kommissar Krassin in Schweden schlecht behandelt wurde. Sechs Wochen lang sperrt man sie in einen Raum ein, der gerade Platz für ein Bett, einen kleinen Tisch und einen Stuhl hat. Keine weitere Nachricht, wie es ihrem Vater geht, dringt zu ihr. Tatenlos muß sie warten. Weil sich deutsche und ungarische Kommunisten für sie einsetzten, darf sie mit einem Invalidentransport nach Moskau weiterreisen. Dort erhält sie die Nachricht, daß ihr Vater noch am Leben ist.

In ihrer Geburtsstadt geht sie an ihrem ehemaligen Heim vorbei. Es ist geschlossen. Sie bekommt zu hören, daß die Botschaft 1918 verlassen wurde. In dem Haus befindet sich jetzt ein Klub für russische Soldaten.

Elsa geht an Bord der »Lisboa« und fährt über Narva nach Stettin. Heim nach Schweden.

Heim nach Schweden?

In Gedanken ist sie bei »ihren Gefangenen« zu Hause.

Auf der Fahrt schreibt sie einen »Aufruf an das Internationale Komitee des Roten Kreuzes« in Genf:

»Auf der Rückreise aus Sibirien, wo ich seit 1915 unter den Kriegsgefangenen als Abgeordnete des Schwedischen Roten Kreuzes gearbeitet habe, betrachte ich es als meine Pflicht, die Verhältnisse darzulegen, in denen sich die Kriegsgefangenen heute befinden.

Weder in Europa noch in Amerika dürfte es unbekannt sein, daß Tausende von unglücklichen Kriegsopfern noch unter dem Joch der Gefangenschaft leiden. In Rußland und Sibirien befinden sich noch ungefähr 200 000 Kriegsgefangene und Zivilinternierte. Für sie besteht keine Hoffnung, ihr Vaterland und ihre Familie wiederzusehen, wenn man nicht schnellstens Mittel findet, sie in ihre Heimat zurückzusenden. Schiffe, Schiffe und abermals Schiffe müssen gemietet werden, wenn man nicht will, daß der kommende Winter diese 200 000 Menschen in Elend und Not umkommen läßt . . .

Die Gesundheitsstatistiken werden einmal zeigen, wieviel tausend Menschen unnütz gestorben sind, einzig aus Mangel an ärztlicher Hilfe, an Lebensmitteln, an Kleidung. Aber dann wird es zu spät sein, die zu retten, die noch zu retten sind . . .

Nur der, der den Gefangenen gesehen hat, der mit ihm gelebt hat, kann sein Innerstes verstehen. Seine bittere, gequälte Seele, dieses rauhe wilde Äußere bieten dem Fremden so viele Rätsel. Wer den Gefangenen kennt, weiß, daß er selbst nach fünf oder sechs Jahren der Gefangenschaft nur ein Verlangen im Grunde seiner Seele hat, nämlich: noch einmal sein Vaterland und die Seinen wiederzusehen.«

Sie selbst hat es ja kennengelernt, dieses »rauhe, wilde Äußere« der Kriegsgefangenen und die Sehnsucht, einmal wieder daheim zu sein bei den engsten Verwandten. Wohl darum wirkt ihr Appell so eindringlich.

Hier muß noch hinzugefügt werden, daß mittlerweile auch der norwegische Polarforscher und Professor für Zoologie, Fridtjof Nansen, energisch und unerbittlich dafür eintrat, daß Hunderttausenden von Kriegsgefangenen die Heimkehr ermöglicht wurde. Er besuchte wie Elsa Brändström die Lager und schrieb einmal: »Nie in meinem Leben bin ich mit einem so entsetzlichen Übermaß von Elend in Berührung gekommen wie hier, wo ich helfen soll.«

Während er sein großes Hilfswerk begann, war Elsa auf der Heimreise von Sibirien zurück nach Schweden. Wie eine »Königin« wurde sie in Stettin und in Stockholm empfangen. Ihr kranker Vater holte sie am Zug ab.

Es gibt Aufnahmen aus dem Jahr 1920, die jene Szene zeigen. Ein ganz stilles Bild, als geschähe dies außerhalb der Zeit: eine Tochter, die ihren Vater wiedersieht. Sie schaut ihn an, und ihre Augen fragen: »War es richtig, was ich getan habe?« Sein Blick antwortet: »Ja. Und ich bin stolz auf dich.« In diesem Augenblick ist sie ganz eins mit sich selbst. Sie weiß, daß ihr Vater versteht, warum sie nicht schon viel früher ihre Arbeit in Sibirien abbrach, um ihn zu pflegen. Jetzt kann sie beides miteinander verbinden. Kann eine gute Tochter sein – und weiter für ihre Sache kämpfen. Sie erläßt einen Aufruf an das schwedische Volk:

»Schweden!

Die Zeit wird härter, und selbst in unserem Land hört man viele Klagen. Dennoch muß dem Gedanken an die über 150 000 Kriegsgefangenen, welche in dieser Zeit in Sibirien verschmachten, Verständnis entgegengebracht werden. Trotz aller Bemühungen des Internationalen Roten Kreuzes und Professor Nansens ist es unmöglich, daß allen diesen vor Winteranfang die Möglichkeit gegeben wird, heimzukehren . . .

In wenigen Wochen steht der sibirische Winter vor der Tür. Das bedeutet Hunger, erfrorene Glieder und Tod für die meisten Kriegsgefangenen, die gezwungen sind, noch zu überwintern. Der sechste Winter in Sibirien – das ist der Höhepunkt alles menschlichen Leides! Das Schwedische Hilfskomitee für Kriegsgefangene in Sibirien hat es sich zur Aufgabe gemacht, Gelder und Kleider zu sammeln, um den bedürftigen Kriegsgefangenen zu helfen.

Gib deine Gabe und sei gewiß, daß du einer Mutter den Sohn, einer Frau den Mann, einem Kinde den Vater zurückgeben kannst. Die Spenden kommen schnell und sicher an ihren Bestimmungsort, da das Schwedische Hilfskomitee durch Verhandlungen mit der Sowjet-

Regierung die Erlaubnis hat, Delegierte auszusenden, welche selbst die Gaben unter den Gefangenen verteilen dürfen. Drei Delegierte befinden sich bereits in Rußland auf dem Weg nach Sibirien, um dort die ersten Sendungen gespendeter und eingekaufter Kleidung zu verteilen.

Alle Gaben in Form von Geld oder Kleidung werden dankbar vom Schwedischen Hilfskomitee für Kriegsgefangene in Sibirien angenommen. Keine Gabe ist zu gering. Gib deine Gabe für die Kriegsopfer, welche noch zu retten sind!

Elsa Brändström
Mitglied des Schwedischen Hilfskomitees
für Kriegsgefangene in Sibirien.«

Der Aufruf erscheint in Zeitungen und auf Anschlagsäulen. Während der Sammelaktion sind in den Straßen der größeren Städte Töpfe aufgestellt. Neben ihnen hängen an Masten die Muster der Kleidungsstücke, die das Komitee kaufen will. Eine Preistabelle bittet die Spender, das Geld für einen bestimmten Gegenstand zu geben: für Wollstrümpfe, für eine warme Jacke oder einen dicken Pullover. Was in den nächsten Tagen geschieht, hat Elsa Brändström wohl kaum zu hoffen gewagt: Mitunter ist der Andrang in Stockholm so groß, daß die Verkehrspolizei einschreiten muß, wenn sich zu viele Hilfswillige um die Sammeltöpfe scharen. Ständig klingelt das Telefon im Büro des Komitees: »Die Töpfe laufen über! Bringt leere!« In Schulen, Fabriken, auf Damenkränzchen und Dinnerparties wird gesammelt. In wenigen Wochen können 30 000 komplette Ausrüstungen von schwedischen Delegierten nach Sibirien gebracht und verteilt werden. Eine andere als diese schwedische Hilfe hat es in jenem russischen Hungerwinter für die Kriegsgefangenen nicht gegeben.

Elsa muß in diesen Monaten in einem inneren Zwiespalt gelebt haben: Sie ist noch immer nicht wirklich nach Schweden heimgekehrt.

Einem Gefangenen, der sich bei ihr bedankt hat, schreibt sie im Dezember 1920 von Stockholm aus:

»Sie wissen ganz genau, daß die Arbeit für die Kriegsgefangenen für mich eine so unendlich große Freude gewesen ist, und ich habe den Kriegsgefangenen so viel zu verdanken, durch die Freundschaft und das Vertrauen, die sie mir immer gezeigt haben und welche meine Arbeit so leichtgemacht haben . . .

Wenn man einmal erfährt, daß alle Kriegsgefangenen aus Sibirien weg sind, dann glaube ich, daß man sich richtig an der Gegenwart freuen kann. Aber so wie es jetzt ist, daß Tausende den Winter über noch dableiben müssen, das macht, daß wenigstens ich hier nie eine richtige Ruhe finden kann, weil meine Gedanken immer dorthin gehen. Und wenn nicht mein Vater so schwer krank wäre und mich so dringend brauchte, würde ich unbedingt dorthin reisen, um das wenige zu tun, das in meinen Kräften steht, um denjenigen zu helfen, die den nächsten Winter dort noch verbringen müssen.«

Sie erinnert sich an Augenblicke in Sibirien, in denen ihr

alles zu viel wurde. Damals sammelte sie neue Kräfte, indem sie eine Nacht unter dem Sternenhimmel verbrachte: »Das Gefühl der Nichtigkeit wird stärker dabei, aber gleichzeitig entsteht die wunderbare Gewißheit, ein lebendes Wesen im Universum zu sein, ein Glied in der Kette des Lebens.«

Nun ist sie wieder im Alltag und kann sich nicht lösen von den Erlebnissen der vergangenen Jahre. Als sie gefragt wird, was ihr nach den unendlich vielen Entbehrungen und Strapazen der letzten Jahre als größtes Glück in der modernen, zivilisierten Welt erscheine, sagt sie ganz spontan: »Die schnelle, zuverlässige Verbindung.« Sie meint damit Züge, Telefonate und Telegramme zwischen den Ländern. »Da verstand ich«, sagt ihre Freundin Elsa Björkman, »daß sie sich noch draußen unter den Gefangenen in der endlosen sibirischen Steppe befand. Und ihr Gehirn arbeitete noch, um Hilfe für Hunderttausende von Gefangenen zu schaffen, die sie zurückgelassen hatte. Was hätte sie ausrichten können – und wieviel leichter wäre alles gewesen, wenn man dort die Möglichkeiten der westlichen Zivilisation zur Verfügung gehabt hätte!«

Nie, auch das ist von Elsa Björkman überliefert, hat Elsa Brändström ihr Leben »so voll und so reich« empfunden wie in Sibirien.

Allein der schwerkranke Vater ist es, der sie davon abhält, den Dienst für die Gefangenen wiederaufzunehmen. Er bittet sie nicht. Sie aber spürt, daß er nicht mehr lange leben wird. So schwankt sie hin und her zwischen dem Wunsch, als gute Tochter für den Vater zu sorgen, und dem Drang, weiter für die Kriegsgefangenen da zu sein.

Auf einem großen gelben Blatt Papier zeichnet sie ihre Gedanken auf:

»Die größten und reinsten Stunden in unserem Leben sind die, in denen wir bis auf den Grund gelebt, bis auf den Grund genossen, bis auf den Grund gelitten und bis auf den Grund gegeben haben. Aber wie wenige solcher Augenblicke hat es gegeben im Gegensatz zu den langen Strecken, die wir verschüchtert, vorsichtig und berechnend gegangen sind.«

Das sind Wörter, die ganz und gar nicht zu ihrem Auftreten passen. Wer sie in Sibirien erlebte, weiß, wie sie gefürchteten russischen Lagerkommandanten befahl: »Und jetzt zeigen sie mir die Toiletten! Ich will alles sehen, und alles muß sich hier ändern!« Die Frau, die einen Mut ohnegleichen bewies, als sie sich während der Revolution durch die Front der »Roten« und der »Weißen« wagte, ordnet sich jetzt selbst solche Vokabeln zu?

Propst Eduard Juhl – Kriegsgefangener und enger Mitarbeiter von Elsa Brändström in Sibirien, später ihr erster Biograph – schreibt, wie erschüttert er war, daß sie in Stockholm unter schweren Depressionen litt. Er besucht sie dort Ende 1920.

Im Nebenzimmer liegt ihr todkranker Vater. Elsa empfängt ihren Gast Eduard Juhl mit den Worten:

»Mein Leben ist leer! Meine Aufgabe ist zu Ende!«

Er widerspricht:
»Nein, gerade jetzt haben Sie noch ganz große Aufgaben!«
»Welche denn?« fragt sie zweifelnd.
»Sie müssen reden!« ist seine Antwort.
Das weist sie weit von sich:
»Ich kann nicht.«
Er beharrt darauf:
»Sie müssen. Und Sie können auch.«
Sie schweigt.
Er dringt weiter auf sie ein:
»Außerdem müssen Sie schreiben.«
Sie wehrt ab:
»Das ist ganz unmöglich. Alles, was ich schreibe, ist trocken und langweilig.«
Er läßt das nicht gelten:
»Das schadet nichts. Sie sollen nur die Tatsachen berichten, nüchtern, sonst nichts. Einfach alles, was Sie erlebt haben.«
Elsa Brändström, eine Frau von Anfang Dreißig, geprägt von der Tatkraft ihres Vaters, stürzt in eine tiefe Krise. General Edvard Brändström, ihr Vater, ihr Vorbild, wird sterben; wird sie allein lassen. Das weiß sie.
Wenn etwas weiterlebt, in ihr weiterlebt, dann sein Lebensmotto: »Il faut payer de sa personne.«
Sie fragt Propst Juhl, ob er nicht in Sibirien selbst den letzten Halt verloren habe, den Glauben an Gott?
»Wenn Sie vor Ihren Kameraden standen und ihren Gottesdienst halten sollten, war es Ihnen dann nicht manch-

mal so, als würden Sie lieber 15mal gehängt werden als zu Ihren Kameraden von Gott zu reden?«
Er gesteht ihr, daß er oft auch der Verzweiflung nah gewesen sei. Aber: »Es war dann gut, daß vor solchem Jammer jede Phrase auf den Lippen ersterben mußte. Und wenn noch ein Rest von Glauben im Herzen war, dann galt es nun: Auch der kleinste Glaube kann und darf nicht schweigen, gerade dann nicht, wenn er vor einen jammervollen Trümmerhaufen bitter enttäuschter Hoffnungen gestellt ist. Er darf nicht schweigen.«
In dieser Nacht reden Eduard Juhl und Elsa Brändström lange miteinander. So schwach, so offen und verletzlich hat sie sich selten einem anderen Menschen gezeigt. Wenn Freunde und Kriegsgefangene von ihr schwärmen, vermitteln sie häufig das Bild einer Frau, die ungebrochen Kraft aus sich selbst schöpft – und diese Kraft weiterschenkt. So, als gäbe es keine dunklen Augenblicke in ihrem Leben.
Könnte sie sich jetzt nicht an ihrem Ruhm erfreuen? In Berlin hat man eine Silberplakette mit dem Text geprägt: »In dankbarer Verehrung das deutsche Volk – unvergessen bleibt ihr Wirken für die Kriegsgefangenen in Sibirien.«
Auch aus anderen Ländern treffen Ehrungen ein. Tag für Tag bringt der Postbote ihr Briefe. Um ihren Lebensunterhalt muß sie sich nicht kümmern. Das Vermögen der Familie reicht aus, sie zu ernähren. Sie könnte sich als zeitbewußte junge Frau einen Bubikopf schneiden lassen – diese Mode ist gerade aufgekommen, könnte tan-

zen gehen, Lichtspieltheater besuchen, es genießen, daß Stockholm vom Krieg verschont geblieben ist. Sie ist nicht einsam. Beide Brüder leben in der Nähe. Sie wird geliebt, verehrt, bewundert.

Die Unruhe in ihr aber wächst.

»Sie müssen schreiben, reden, die Tatsachen berichten. Ihre Aufgabe geht weiter!«

Diese Sätze Juhls lösen etwas in ihr aus.

Im Jahr 1921, während der letzten Lebensmonate ihres Vaters, beginnt sie, ihre Erfahrungen aufzuschreiben. Teils in Stockholm, teils in der Heimvolkshochschule Sigtuna am Mälarsee, entsteht ihr Buch »Unter Kriegsgefangenen in Rußland und Sibirien 1914–1920«.

Sie würde am liebsten vor jedem Buch davonlaufen, hat sie als kleines Mädchen gesagt. Literarischer Ehrgeiz ist es auch jetzt nicht, der sie zum Schreiben drängt. Sie will Verständnis für die heimkehrenden Gefangenen wekken. Das macht sie im Vorwort klar: »Viele von ihnen können den Kampf mit dem Leben noch nicht aufnehmen und gehören doch nicht zu denen, die wegen vollständiger Invalidität vom Staat versorgt werden. Ich habe deshalb gehofft, aus dem Erlös meines Buches und durch Spenden eine Art Arbeitssanatorium schaffen zu können, in dem früheren Kriegsgefangenen aus Rußland durch Ruhe und sorgenfreie Arbeit die Möglichkeit gegeben werden soll, wieder lebenstüchtige und arbeitsfrohe Menschen zu werden.«

Sie entschuldigt sich dafür, daß ihr die Fähigkeit fehle, »Gesehenes und Erlebtes lebendig wiederzugeben« und rechtfertigt ihren Entschluß, trotzdem dieses Buch herauszubringen, mit der Erklärung: »Ich glaube, daß ich der einzige Neutrale bin, der dem Geschick der Kriegsgefangenen in Rußland und Sibirien vom Anfang bis zum Ende der Gefangenschaft gefolgt ist.«

Heute ist Elsa Brändströms Buch, das auch ins Deutsche übersetzt wurde, vergriffen. Das, was sie dokumentiert, ist zwar ein wichtiges Zeugnis über das Schicksal der Gefangenen im Ersten Weltkrieg, aber eben: ein Sachbuch. Elsa Brändströms »Ich« tritt völlig zurück.

Propst Eduard Juhl sagt dazu: »Dabei empfindet man deutlich, daß sie sich selbst gar nicht wichtig nimmt. Sie hatte keinen Sinn für Geltung oder gar Sendung.«

Merkwürdigerweise wirken ihre Sätze trotzdem eindringlicher als Beschreibungen anderer, die wie sie in russischen Gefangenenlagern gearbeitet haben. Wenn Elsa Brändström über die gefürchteten »Erdbaracken« in Westsibirien berichtet, liest sich das so:

»In zwei Erdbaracken des Lagers, die die Gefangenen ›Kirchhofsbaracken‹ nannten, lagen 2300 Kriegsgefangene, Kranke und Gesunde, so dicht durcheinander, daß man in den Gängen über die Körper steigen mußte. Von den Eiszapfen an der Decke tropfte das Wasser, so daß die Pritschen immer naß waren. Die vielen hoch fiebernden Kameraden erhielten nur von einigen Kameraden Hilfe, deren Arbeit bei der täglich wachsenden Zahl der Erkrankungen dauernd zunahm. Das Essen wurde neben die Kranken gestellt. Wer noch Kraft hatte, aß. Die anderen hungerten. Tage vergingen, an denen es nicht

einen Tropfen Wasser gab. Schwerkranke schleppten sich mit letzter Kraft hinaus, um ihren brennenden Durst mit Schnee zu löschen. Die Kosaken schlugen sie oder trieben sie in die Baracken zurück. Während der Schneeschmelze sah man Kranke und Gesunde gierig das Wasser trinken, das gelb von Menschenkot von den Latrinen herfloß . . .
Die Toten wurden aufgestapelt und blieben liegen, bis sich eine größere Anzahl angesammelt hatte, die dann von russischen Soldaten geholt wurde. Sie drückten die Leichen in Kisten hinein, und um sich die Arbeit zu erleichtern, halfen sie mit dem Gewehrkolben nach oder stießen mit den Stiefeln zu. Derselbe Wagen, der die Leichen zum Massengrab führte, holte das Fleisch für die Küche der Kriegsgefangenen.«
Alexandra Gräfin Üxküll, eine Oberin des Deutschen Roten Kreuzes, die jahrelang mit Elsa Brändström zusammenarbeitete, ergänzt den Bericht über die »Erdbaracken« aus ihrer Sicht und in ihrer Sprache:
»Mir stand nicht nur der Verstand, sondern auch das Herz still. Denn hier vegetierten – man kann nicht sagen: lebten – unsere armen prächtigen Leute in den sogenannten Erdbaracken. Das waren tief in den feuchten Lehm gegrabene Höhlen, dunkel, dumpf, naß und stikkig. Man glaubte, in eine Grabeshöhle hinunterzusteigen. An Wänden und Decken perlte das Wasser und tropfte herunter. Auf übereinander errichteten Bretterböden lagen die Gefangenen auf feuchtem, schmutzigem Holz, Gesunde und Kranke dicht neben- und über-

einander. Typhus, Fleckfieber, Nephritis (Nierenentzündung), Tuberkulose forderten ungeheure Opfer. Die gänzlich entkräfteten, halbverhungerten und halbnackten Menschen hatten keine Widerstandskraft mehr. Die Ärzte berichteten von schauerlichen Erlebnissen: wie Typhuskranke, auf dem nackten, feuchten Boden liegend, im Fieberwahn aus der Baracke stürzten und Schnee schlürften, um den glühenden, folternden Durst zu löschen, wie sie von Kosaken wieder hineingepeitscht wurden, wie zwei von ihnen in der Abortgrube versanken ... Unendlich beglückt und erlöst waren wir, daß es dem Protest unserer Delegation gelang, vor unserer Abreise die Schließung der Erdbaracken zu erreichen. Unsere braven Leute wurden in eine nahe stehende, gutgebaute, saubere leere Kaserne überführt.«

Zwei Frauen haben das gleiche erlebt. Eine spricht von »braven Leuten«, von »armen prächtigen Leuten«. Die andere ganz einfach nur von »Kriegsgefangenen«. Eine schreibt auf, wie »beglückt und erlöst« sie ist, wenn ihr etwas gelungen ist. Die andere hält nicht für erwähnenswert, was sie geleistet hat.

»Wenn du etwas als richtig und notwendig erkannt hast, sollst du mit allem, was du bist und was du hast, dafür eintreten.« Dieser Satz General Brändströms hat seine Tochter geprägt. Sie ist bei ihm, als er am 9. November 1921 für immer die Augen schließt. Noch viele Jahre später wird sie sich immer wieder dabei ertappen, daß sie alle ihre Gesprächspartner mit ihrem Vater vergleicht.

Als letzte Ehrung hat Edvard Brändström vom schwedischen König eine besondere Urkunde bekommen, in der die Rede ist von seinem »Eifer und der Pflichttreue und der selbständigen Haltung«. Es sind alles Eigenschaften, die auch auf seine Tochter zutreffen.

Ihre tiefe Trauer über den Verlust des Vaters kann ihr niemand abnehmen. Sie ist eine, die alles sehr intensiv erlebt. Trost und Hoffnung aber gibt ihr die Tatsache, daß gerade jetzt, im November 1921, ihr Buch erscheint. Mit dem Erlös will sie neue Aufgaben verwirklichen. In diesen Tagen, die dunkel und schwer für sie sind, reift in ihr ein Plan, der sich im Keim schon in Rußland und Sibirien in ihr entwickelt hatte. Nein, sie wird ihre Gefangenen nicht im Stich lassen. Von nun an wird sie für die Heimkehrer und die Kriegswaisen da sein.

Obwohl sie zu hören bekommt: »Laß die Deutschen sich doch selber helfen!«, obwohl man ihr rät: »Ruh dich endlich aus und kümmre dich um dein Privatleben!«, hat sie etwas ganz anderes im Sinn.

»DER ENGEL KOMMT!«

Für ihr neues Vorhaben gilt es aber erst, eine Angst zu überwinden, eine Angst, die viele Mädchen und Frauen kennen: öffentlich reden vor einem großen Publikum, die eigene Stimme laut werden lassen. Nur das nicht!

Sie weiß, daß Angst kleinlaut, vorsichtig und berechnend macht. Ein Mensch, der so handelt, möchte sie nie werden! Elsa Brändström nimmt sich vor, diese Angst zu besiegen.

Schon beim Schreiben ihres Buches »Unter Kriegsgefangenen in Rußland und Sibirien 1914–1920« hat sie solche Gefühle in sich bekämpfen müssen. Und dann hat sie mit diesem Werk so viel Geld verdient, daß sie bei Berlin das Gut Schreibermühle und bei Kamenz in Sachsen das Haus Bad Marienborn-Schmeckwitz kaufen konnte. Ihre »Stiftung Arbeitssanatorium für ehemalige kriegsgefangene Deutsche« ermöglichte es Männern, nach den Jahren der Unterernährung, der Kälte und der schlechten Behandlung ihre Gesundheit wiederherzustellen und den Mut zu finden, das Leben in ihrem besiegten und veränderten Vaterland wiederaufzuneh-

men. Ehemalige Kriegsgefangene bauen Korn und Kartoffeln, Obst und Gemüse an, arbeiten im Garten, können Moor- und Schwefelbäder nehmen.
Elsa Brändström hat mit ungefähr 700 000 Kriegsgefangenen zu tun gehabt, und sie hat vermutlich 100 000 von ihnen das Leben gerettet, indem sie ihnen Lebensmittel, Kleidung und Schuhe, Medikamente und Arbeitsmaterial brachte. Darüber hinaus – und das ist mindestens ebenso wichtig – gab sie ihnen den Glauben, daß man sie nicht vergessen werde und sie eines Tages heimkehren würden.
Jetzt – im Winter 1922/23 – hat sie ihr Versprechen wahr gemacht, hat trotz innerer Ängste und Widerstände ein Buch verfaßt und in Schweden Vorträge gehalten, die ihr Millionen Kronen einbrachten für die »Stiftung Arbeitssanatorium«.
Aber nicht alle Kriegsgefangenen kehren heim, sie hat auch Tausende sterben sehen (in Totzkoje waren es von 25 000 Kriegsgefangenen 17 000, die nicht überlebten), und ihnen hat sie versprochen, für ihre Kinder zu sorgen.
Es müßte ein Heim für die Kriegswaisen geben. Der Entschluß steht bei ihr fest, aber die Geldmittel fehlen. Eine kühne Idee kommt ihr in den Sinn. Damals, als sie als junge Studentin das Stockholmer Lehrerinnenseminar verließ, wurde als einzige positive Beurteilung über sie vermerkt, sie sei vielleicht für Amerika geeignet. Trotz ihrer Angst vor öffentlichen Auftritten: Könnte sie nicht eine »Bettelreise« durch die USA unternehmen?

Eigentlich stehen die Zeichen günstig. Gerade sind die Gedanken, alljährlich einen »Muttertag« zu feiern, in den Vereinigten Staaten überall verwirklicht worden. Das Leid der Kinder, die ohne Eltern aufwachsen müssen, wird die Herzen vieler Menschen rühren. Und sie, Elsa, wird trotz ihrer Ängste in dem fremden Kontinent Vorträge über ihre Erfahrungen halten und um Spenden bitten.

Es ist typisch für Elsa Brändströms Leben, daß sie nie allein gelassen wird, wenn sie andere Menschen mit ihrem Anliegen überzeugt. Sie bleibt in sich verschlossen, so lange, bis sie weiß: Genau das will ich. Das ist richtig. Dann wird sie offen und stark. Dann kann sie Menschen mitreißen, die eigentlich gegen ihre Ideen sind. So geschieht das auch jetzt wieder.

Anfangs werden in Schweden viele kritische Stimmen laut. Man warnt sie. Man gibt ihr deutlich zu verstehen, daß sie allmählich anfange, ihre Aufgabe zu übertreiben. Man sagt ihr auch, daß die Deutschen ihre Probleme selbst lösen sollten.

Sie sieht das nicht so. Daß sie Menschen »mixen« wolle, hat sie damals schon und auch später wiederholt geäußert. Niemanden in seine Nationalität einordnen. Statt dessen Hilfe bringen, wenn Hilfe nötig ist. Mit »mixen« hat sie auch gemeint, daß jeder für andere Menschen in Not verantwortlich sei, ohne nach Staatsangehörigkeit oder Berufsbezeichnung, nach Hautfarbe oder Muttersprache zu fragen.

Die erste, die ihr zustimmt, ist Ellen Gräfin Douglas,

eine Schwedin, die gut Englisch spricht. Sie hat organisatorisches Geschick bewiesen, als es darum ging, Bücher in die russischen Kriegsgefangenenlager zu schikken, und überdies nahm sie während der Hungersnot in Samara an der Hilfsarbeit teil. Sie will Elsa Brändström auf ihrer USA-Reise begleiten.
Erzbischof Nathan Söderblom (er hat ihr in Schweden die Kanzeln der Kirchen für ihre Vorträge zur Verfügung gestellt) gibt ihr ein Einführungsschreiben für die lutherischen Kirchen in den Vereinigten Staaten mit.
Börje Brillioth, der die »Amerikanisch-Schwedische Nachrichtenagentur« leitet, sorgt dafür, daß die amerikanischen Zeitungen erfahren, wer Elsa Brändström ist und was sie geleistet hat. Der schwedische Arzt Einar Key schreibt an amerikanische Kollegen; der Verleger und Kunstsammler Thorsten Laurin wendet sich an einflußreiche Freunde in den Vereinigten Staaten. Prinz August Wilhelm, ein Sohn von Kaiser Wilhelm II., gibt dem »verehrten gnädigen Fräulein Brändström« Adressen mit, die ihr Türen öffnen werden bei ihrem »heldenhaften Eintreten für die deutschen Kriegsgefangenen«, wie er es formuliert. Die Direktoren der Hamburg-Amerika-Linie, der damals größten Schiffahrtsgesellschaft der Welt, besorgen Elsa Brändström und Ellen Douglas Kabinenplätze zu vernünftigen Preisen. Das Schiff beginnt seine Jungfernfahrt am 22. Januar 1923 in Bremerhaven.
Für Elsa ist schon der erste Tag der Reise ungewöhnlich. Beim Zoll wird ihr mitgeteilt, daß im Nebenzimmer ein

Mann sitze, der sie gern begrüßen würde. Sie geht hinein, stutzt, läuft dann auf einen der Schreibenden zu und ruft: »Guten Tag, Herr Möller! Das letzte Mal sahen wir uns in Krasnojarsk, nicht wahr?« Sie hat einen von Tausenden von Gefangenen wiedererkannt und sich sofort an seinen Namen erinnert.

Gräfin Douglas führt während der Reise Tagebuch. Ihre Aufzeichnungen, die bis jetzt nur in schwedischer Sprache erschienen sind, vermitteln uns ein lebhaftes, genaues Bild der Elsa Brändström in Amerika.

Während der Überfahrt, die zehn Tage dauert, dürfen die beiden Schwedinnen ihre Mahlzeiten am Tisch des Kapitäns einnehmen, eine besondere Ehre. Sie lernen einen Deutschen und dessen amerikanische Frau kennen, der ihnen gute Ratschläge für den Umgang mit Amerikanern gibt. Er erklärt sich auch bereit, Elsa Brändströms Buch zu verkaufen, das Stück für 25 Dollar.

Das ermutigt Elsa Brändström. Sie trifft auch einen katholischen Priester, der dasselbe vorhat wie sie. Er will Geld sammeln für ein Heim. Sie ist nicht gerade begeistert, als sie das erfährt. Doch dann tröstet sie sich mit dem Gedanken, daß er ein ganz anderes Publikum ansprechen wird als sie.

Täglich schickt die Reederei ein kurzes Nachrichtentelegramm, vor allem über die Lage in Deutschland. Frankreich besetzt das Ruhrgebiet, und der größte Teil der amerikanischen Presse stimmt dieser Entscheidung zu. Elsa Brändström reagiert sofort. Vom Schiff aus schreibt

sie an Margarete Klante, ihre Mitarbeiterin, die für sie Statistiken zusammentrug und ihr Buch ins Deutsche übersetzte: »Berücksichtige Plennys vom Ruhrgebiet für Tarifplätze . . . Mir ging durch den Kopf, es werden vielleicht auch Plennys ausgewiesen und platzlos. Ich dachte in erster Linie an die Menschen, die das Gut noch braucht, und dann an Kutscher, Bademeister, Hausburschen und Gärtner in Marienborn.« In ihren Sanatorien sollen möglichst viele Arbeits- und Kurplätze für Männer aus dem Ruhrgebiet freigehalten werden.
Am 1. Februar 1923 läuft die »Thuringia« in den Hafen von New York ein. Alle Passagiere werden um sechs Uhr morgens geweckt. Noch ahnt Elsa Brändström nicht, was sie erwartet, weiß nicht, daß Reporter auf Zollbooten an Bord gekommen sind und sie mit Fragen bestürmen werden.
»Stimmt es, daß man Sie für den Nobelpreis vorgeschlagen hat?«
»Haben Sie den Mönch Rasputin persönlich kennengelernt?«
»Was halten Sie vom Alkoholverbot?«
»Wie sah die Zarin aus?«
»Ist es wahr, daß Sie die Reise hierher auf eigene Kosten unternehmen?«
»Haben Sie auch Läuse gehabt, als Sie in Sibirien tätig waren?«
»Würden Sie bitte für ein Bild posieren, das Sie mit Ihren Orden und Ehrenzeichen zeigt?«
Für Elsa Brändströms eigentlichen Reisezweck interes-

sieren sich nur wenige. Sie sitzt von Reportern und Fotografen umringt im großen Salon des Schiffes, beantwortet schlagfertig jede Frage, als sei sie schon lange daran gewöhnt, im Rampenlicht zu stehen. Als der Kapitän ihr und Ellen Douglas anbietet, als erste vor den anderen Passagieren durch den Zoll geschleust zu werden, schüttelt sie den Kopf: »Nein, das wäre doch nicht gerecht. Ich kann nicht vor allen anderen Leuten abgefertigt werden. Ich muß warten, bis ich an die Reihe komme.« Reporter und Passagiere betrachten das als Ausdruck wahrer demokratischer Gesinnung und applaudieren.

Elsa Brändström hat, noch ehe ihre Vortragsreise beginnt, die Herzen der Amerikaner gewonnen. Gescheit und warmherzig, stark und in sich ruhend, ihr Gesicht vor Hoffnung und Lebensfreude sprühend, so sieht Elsa Brändström auf Bildern aus, die sofort nach ihrer Ankunft in amerikanischen Tageszeitungen erscheinen. Nie wirkte sie gelöster, glücklicher, gelassener als jetzt. Mit »lachendem Mut« erobert sie ihr Publikum.

»Sie ist die Florence Nightingale von Sibirien«, meldet die Presse. »Sie wird den Friedensnobelpreis bekommen.« Elsa selbst äußert sich in ihrem ersten Interview so: »Es kommt mir beinahe banal vor, von dem zu erzählen, was ich erlebte. Es hat mich so unsagbar erschüttert. Nur der heiße Wunsch zu helfen, weiterzuarbeiten an der Aufgabe, die meines Lebens Inhalt ist, hat mich bewegen können, meine Erlebnisse niederzuschreiben. Um meinem Werke zu helfen, bin ich ja auch hier.«

die Kellner des Hauses spontan all ihre Abend-Trinkgelder für das geplante Heim spenden.
Eine ideenreiche Amerikanerin läßt elegante Karten mit Elsa Brändströms Namen und Adresse drucken und überreicht diese bei ihren Parties und im Bekanntenkreis. Die Karten enthalten den Hinweis, daß man am einfachsten spenden könne, indem man einen Scheck schicke. Viele halten sich daran.
Bevor Elsa Brändström New York verläßt, lernt sie auch einen Teil des Vergnügungslebens der Weltstadt kennen. Im Tagebuch der Ellen Douglas heißt es:
»Wir waren zuerst in einem Varieté und dann in einem Tanzlokal, wo wild gejazzt wurde. Wir sahen viele außerordentlich schöne und phantastisch gekleidete junge Mädchen. Während der Tänze traten auch Neger und Halbweiße auf, singend, tanzend unter ohrenbetäubendem Lärm. Einige der farbigen Mädchen waren sehr graziös und anziehend. Etwas, was den Fremden in diesem Land des Verbotes frappieren mußte, waren die eleganten Gold- und Silber-Taschenflaschen, die aus Rock- und Abendtaschen gezogen wurden und an deren Inhalt man nicht zu zweifeln brauchte, da man doch sah, daß der eine oder andere aus diesem eleganten Publikum sichtbar unter dem Einfluß dieser geheimnisvollen Flüssigkeiten stand.« (1919 bis 1933 waren in den USA Herstellung, Transport und Verkauf alkoholischer Getränke verboten. Bei ihren Gastgebern bekamen Elsa Brändström und Ellen Douglas denn auch nur Eiswasser angeboten.)
Zwei besondere Erlebnisse prägen die Tage in New York:

Elsa Brändström spricht zum ersten Mal in ihrem Leben im Rundfunk, und sie »besteigt« zum ersten Mal einen Wolkenkratzer, das 54 Stockwerk hohe Woolworth Building, damals neben dem Eiffelturm das höchste Gebäude der Welt. Bei beiden Anlässen wird sie von wildfremden Menschen begrüßt und angesprochen, man kennt ihr Bild aus den Zeitungen und reißt sich darum, den »Engel« einmal von nahem zu sehen. Das verblüfft und verwirrt sie. Andererseits sagt sie sich, daß ihr diese Popularität nur nützlich sein kann.

Von Februar bis Oktober 1923 hat Elsa Brändström mindestens 350 Vorträge in den USA gehalten. Oft mußte sie drei- bis fünfmal an einem Tag auftreten. Ellen Douglas schreibt, daß sie trotzdem nie müde oder verdrossen wirkte. Wurde sie irgendwo eingeladen, trat sie als perfekter Gast auf, lachte über Anekdoten, die sie mitunter gar nicht komisch fand, sah immer gepflegt aus und ließ sich keine Erschöpfung anmerken.

Dabei hat sie durchaus auch enttäuschende Erfahrungen machen müssen. So ist sie einmal bei einer Milliardärin zu Gast. Sie spricht von ihrem Anliegen, spürt aber sofort, daß das Schicksal der Gefangenen die Dame überhaupt nicht interessiert. Sie wird nach Skandalen am russischen Hof ausgefragt, und allmählich erlahmt ihre Geduld. Inzwischen vertraut ihr die reiche Dame an, im Grunde genommen sei ihr einziges Hobby der Spitzentanz. Resigniert meint Elsa Brändström: »Ich tue ja gern alles für die Gefangenen. Aber Spitzentanz beherrsche ich nicht.«

Ein andermal ist sie in Kalifornien Gast bei einem einflußreichen und sehr wohlhabenden Senator. Unter den vielen Eingeladenen ist eine sehr alte Dame, die ein Perlenhalsband trägt – Perlen größer als Nüsse. Elsa Brändström seufzt, als jemand den Wert der echten Perlen nennt. Ellen Douglas schreibt in ihrem Tagebuch: »Für dieses Geld könnte die Besitzerin wahrscheinlich das ganze Rathaus von San Francisco kaufen.« Vielleicht hat Elsa Brändström in diesem Augenblick nicht nur geseufzt, weil sie darüber nachdachte, wieviel Gutes man doch für diesen Betrag tun könnte. Vielleicht hat sie sich überlegt, wie sehr sie selbst schönen Schmuck liebt. Von ihrer Freundin Elsa Björkman wissen wir, daß sie auch in der Zeit, als sie in Moskau unter den Kriegsgefangenen arbeitete, hin und wieder in stummer Bewunderung vor den Schaufenstern des Hofjuweliers stand.
Zwar machen viele amerikanische Journalisten aus ihr einen »Engel«, der überhaupt keine eigenen Bedürfnisse kennt; eher aber trifft diese Beschreibung eines Reporters zu: »Sie nahm sich ihrer Aufgabe an mit der gläubigen Tapferkeit eines Heilsarmeesoldaten und mit der Siegesgewißheit einer Ballkönigin.«
In Seattle, Washington, macht Elsa Brändström die bittersten Erfahrungen ihrer Vortragsreise. Der dänische Konsul hat sie in einem teuren Restaurant mit 20 sehr reichen Herren zusammengebracht. Wie immer spricht Elsa lebhaft und mit großer innerer Anteilnahme von ihren Plänen. Man lauscht ihr wohlwollend und verspricht ihr, sie zu unterstützen. Nach dem Lunch zeigt

sich, daß jeder dieser wirklich steinreichen Herren nicht mehr als zehn Dollar übrig hat für Elsa Brändströms Spendenkonto.
In Seattle erlebt sie auch, daß ein sehr finanzkräftiger Bankier ihr wohlwollend einen großzügig bemessenen Geldbetrag in Aussicht stellt. Sie solle doch an einem der folgenden Tage in seinem Kontor einen Scheck abholen. Diese großzügige Spende beläuft sich auf genau 25 Dollar . . .
An manchen Tagen scheint wirklich alles schiefzugehen. Einmal hat man zum Beispiel vergessen, den »Engel« anzukündigen. Jetzt muß schnell gehandelt werden. Ellen Douglas macht sich auf die Suche nach einem Jungen, der als Ausrufer durch den Ort laufen soll, während Elsa Brändström rasch Werbeplakate für sich entwirft. Der »Engel« preist sich selbst an. In solchen Augenblicken zeigt Elsa, daß sie inzwischen einen ganz gesunden Instinkt für Publicity entwickelt hat.
Anstrengend findet sie eigentlich nur die Privatgespräche, die sie führen muß. Das bleibt ihr nicht erspart. Denn sie und ihre Freundin meiden – der hohen Kosten wegen – Hotels und wohnen meist in Familien. In Ellen Douglas' Tagebuch steht, was die Plaudereien im Familienkreis so unbefriedigend machte: »Es war schwierig, dauernd in Superlative auszubrechen, ständig neue Ausdrücke der Bewunderung zu finden; und dieser Zwang, der auf uns lastete, nahm uns einen Teil der Freude an unserer Reise.«
Immer höflich sein, geduldig zuhören, bewundernde

Sätze äußern, wenn das erwartet wird. So geschickt wie möglich für die eigene Idee werben. Und das alles, je nach Publikum, mal in schwedischer, mal in deutscher, mal in englischer Sprache. Elsa Brändström, die Sibirien als »ihr Kloster« erlebt hat, bringt nun eine ganz andere Facette ihrer Persönlichkeit ans Licht. Wie gut, daß sie schon in jungen Jahren gelernt hat, sicher im gesellschaftlichen Leben aufzutreten. Als »Engel«, der zwar Güte ausstrahlt, ansonsten aber ungeschickt und uncharmant wirkt, hätte sie in den Vereinigten Staaten nicht diesen Erfolg gehabt.

Manchmal, und das gibt sie auch unumwunden zu, sehnt sie sich während dieser Reise durchaus nach mehr Luxus. Sie und Ellen Douglas werden für einige Tage in ein Hotel am Atlantik eingeladen. »Wäre es nicht schön, den Rest des Lebens in diesem Paradies zu verbringen?« fragt Elsa, und sie genießt es, auf ihrer »Bettelreise« einmal verwöhnt zu werden.

Schließlich war der »Engel« in seinen Jugendjahren eine Frau, die zu den höchsten Gesellschaftskreisen gehörte. Eine, die leidenschaftlich Bridge spielte, auf Rollschuhen tanzte, bei jedem großen Ball im Mittelpunkt stand. Trotz aller Strapazen, so schildert es Ellen Douglas in ihrem Tagebuch, sind die beiden Schwedinnen immer wieder fasziniert von den Eindrücken und Begegnungen, die ihnen die Reise durch die Vereinigten Staaten ermöglichte. Sie besichtigen Henry Fords große Autofabrik, sie treffen sich mit dem Asienforscher Sven Hedin, dem Schauspieler und Regisseur Max Reinhardt, der

Tänzerin Lillebil Ibsen und dem Regisseur Victor Sjöström.
Auf stundenlangen Bahnfahrten versinkt Elsa Brändström häufig in Erinnerungen an ihre Kindheit. Nichts von dem, was sie in Linköping erlebte, hat sie vergessen. Anderen Kindern, deutschen Kriegswaisen, will sie eine ebenso glückliche Jugend schenken. Doch noch immer fehlt das Geld für ihr Projekt. Dieser Gedanke treibt sie immer aufs neue an, ihre Vortragsreise fortzusetzen.
Während Elsa Brändström auf jede nur mögliche Art versuchte, Amerikanern und Schwedisch-Amerikanern so viele Dollars wie möglich zu entlocken, konnte Ellen Douglas ihr Tagebuch mit alltäglichen Begebenheiten füllen. Hier zwei kleine Beispiele, was Europäerinnen wie Elsa und Ellen am Amerika der zwanziger Jahre so ungewöhnlich erschien.
Beide staunten, daß selbst in einem trockenen Sommer die Gärten rings um die Villen saftig-grün aussahen. Bis Ellen Douglas entdeckte: »Jedes kleine Stück Rasen ist von Wasserrohren durchzogen, und diese haben Ständer in der Höhe des Grases und sind immer offen.«
Am beeindruckendsten war der Autoverkehr in Los Angeles: »Alle fahren Auto. Alte Weiblein mit Hornbrillen auf der Nase, Krankenschwestern in Tracht und halbwüchsige Jugendliche. Aber sie sind auch dazu gezwungen, denn die Entfernungen sind groß.«
Bei aller Faszination: Elsa Brändström hat es sich be-

stimmt nicht vorstellen können, daß dieses Land einmal ihre Heimat werden würde, daß sie hier mit Mann und Kind bis zu ihrem letzten Lebenstag wohnen würde.
Ihre Abreise von New York wird eine noch größere Sensation als ihre Ankunft vor sieben Monaten. Als sie am 26. Juli 1923 Amerika verläßt, verabschiedet man sich von ihr wie von einer Königin: Journalisten, Fotografen und viele neue Freunde und Bekannte, mit denen sie noch jahrelang in Kontakt bleiben wird.
Sie trifft am 6. August 1923 in Göteborg ein, und so antwortet sie einem Reporter, der sie über ihre Amerikareise befragt:
»Es ist anstrengend gewesen. Oft habe ich fünf- bis sechsmal am Tag gesprochen. Und viele freie Tage gab es wahrlich nicht. Gereist sind wir vorwiegend nachts. Ich bin durch ganz Amerika gefahren, das heißt mit Ausnahme der Staaten Florida und Texas. Überall begegnete man mir mit Freundschaft und Interesse. Ich bin mit dem festen Vorsatz hingefahren, 100 000 Dollar zu sammeln, und das ist auch geglückt.
Worüber ich gesprochen habe? Ja, über meine Arbeit unter den Kriegsgefangenen in Sibirien. Fünf und ein halbes Jahr war ich dort. Mehr als 600 000 dieser Gefangenen starben. Und vielen der sterbenden Deutschen und Österreicher habe ich versprochen, für ihre Kinder zu Hause zu tun, was in meiner Macht stünde. Der Betrag, den ich während der Amerikareise gesammelt habe, wird für ein Kinderheim verwandt werden, für die Kin-

der, deren Väter in den Gefangenenlagern gestorben sind. Für die zurückgekehrten Gefangenen haben wir schon zwei Heime. Nun möchte ich noch ein Kinderheim einrichten.«

»JUNGE MENSCHEN SIND MEINE HOFFNUNG«

»Blaß und schwächlich zogen die Kinder ein«, erzählt Margarete Klante über das Leben im Kinderheim Schloß Neusorge, das Elsa Brändström 1923 auf zehn Jahre vom Leipziger Fürsorgeverein pachtete.
»Einfache Kost, Abhärtung, Sport und Ruhepausen zur rechten Zeit wandelten sie in frohe und widerstandsfähige Menschen. Immer klang Gesang und Lachen hinter den efeuumrankten grauen Mauern. Im Park und auf dem großen Sportplatz tummelten sich die Kinder in Spiel und Volkstänzen. Den Höhepunkt bildeten die Wettkämpfe am Pfingstfest. Eigene Gartenstücke weckten Liebe zur Natur, und weite Wanderungen brachten die Schönheit der Heimat zum Bewußtsein. Alle Kinder besuchten die öffentlichen Schulen der Gegend, um nicht in einer reinen Internatserziehung von der Allgemeinheit abgeschlossen zu werden. Für die Wahl der Schule war die Begabung ausschlaggebend. Die Aufsicht und Erziehung lag in den Händen von Werkstudenten, Hortnerinnen und Kindergärtnerinnen. Diakonissen betreuten Haus und Küche und zeitweise auch die Kleinsten. Junge Mädchen aus allen Kreisen halfen

als Schülerinnen in einem unentgeltlichen Haushalts- und Kleinkinderjahr. Innere und äußere Sauberkeit, Ehrgefühl, Haltung und Wärme waren selbstverständlich erwartete Eigenschaften von allen Insassen des Hauses. Schmutz jeder Art, Zügellosigkeit, Roheit und Schlappheit wurden unerbittlich im Interesse der Gesamtheit entfernt.«

In ihrem Bericht fährt Margarete Klante fort, Elsa Brändström habe zu einer schwedischen Journalistin gesagt: »Ich wünsche nur Kinder aufzuziehen, die die Möglichkeit haben, erstklassige Menschen zu werden. Ich nehme keine tuberkulösen Kinder oder andere mit unheilbaren Krankheiten, und sehe ich, daß ein Kind Anlagen hat, die ich für unverbesserlich halte, oder mit denen wir nicht fertig werden, schicke ich es nach Prüfung unbarmherzig fort. Ebenso wenn Haushaltsschülerinnen oder Erzieher unser Ideal nicht verstehen und nicht hierher passen. Die Zusammenarbeit geht glänzend. Die Erzieher sind die besten Freunde und Spielkameraden der Kinder, und es kommt kaum vor, daß die Kinder sich ungehorsam zeigen.«

Margarete Klante, von den Kindern damals »Tante Klante« genannt, schließt mit den Sätzen:

»Schwester Elsas moralischer Maßstab ist immer hoch, und eine Entgleisung läßt ihre Güte in kühle Ablehnung umschlagen. Dann tritt die stählerne Härte hervor, die die andere Seite ihres Wesens ausmacht und ohne die große Erfolge nirgends erzielt werden.«

Zwei deutsche Schwestern, die Elsa in der Arbeit für die

Kriegsgefangenen kennengelernt hat und mit denen sie sich eng anfreundet, helfen ihr in jenen Jahren besonders. Alexandrine Gräfin Üxküll leitet das Sanatorium Marienborn, Schwester Anni Rothe das Kinderheim Neusorge. Fast 3000 Kinder aus Deutschland und Österreich, Halb- oder Vollwaisen, haben hier ihre Ferien verbracht, und 157 Jungen und Mädchen lebten jahrelang als sogenannte »Stammkinder« in Neusorge und gingen von dort in verschiedene Schulen.

Viele der Kinder kamen aus zerrütteten Ehen, hatten ihren Vater nie oder nur selten gesehen, waren nicht daran gewöhnt, regelmäßig eine Schule zu besuchen.

In Neusorge wurden sie in Familien aufgeteilt und dabei nach Alter und Geschlecht getrennt. Jede der acht bis neun Familien umfaßte ungefähr 25 Kinder und hatte eine eigene Wohnung im Schloß mit großem Schlafsaal, Spiel- und Wohnräumen und kleinen Zimmern für die »Eltern«. Die »Mutter« der Familie war eine Jugendleiterin, Schwester oder Haushaltungsschülerin. Die größeren Jungen hatten neben der »Mutter« einen »Vater«, der ein Heimkehrer oder Student war.

Blaß und ängstlich, übernervös und reizbar, unsicher und verstört: So kommen die meisten Kinder in Schloß Neusorge an. Ilse, damals zwölf Jahre alt, erinnert sich, wie beklommen sie sich in den ersten Tagen fühlte. Auf einem Strohsack soll sie hier schlafen? Sie kann sich das nicht vorstellen. Da sind Gleichaltrige, die ihr abends im Schlafsaal zeigen, wie eine »Mutprobe« geht. Man springt von einem Balken an der Decke im großen

Schlafsaal aufs Bett. Doch Ilse traut sich nicht. Sie ist empört, als sie von einer Schwester gefragt wird, ob sie Läuse habe. Nie, denkt sie zu Beginn ihrer Neusorger Zeit, nie werde ich mich hier zu Hause fühlen können.
Die anderen Kinder, die schon länger hier leben, finden es selbstverständlich, daß man fürs Mittagessen gemeinsam Kartoffeln schält. »Wir müssen alle mit anpakken!« Den Satz hört sie immer wieder.
Dann erlebt sie mit, welche Unruhe und Erwartung das Haus erfüllt, wenn Elsa Brändström eintrifft.
»Sie kommt!«
Das ist wie eine magische Botschaft.
Auf dem Dach des Schlosses wird die blau-gelbe schwedische Fahne gehißt. Sind alle Schränke und Räume sauber und aufgeräumt? Sind die Beete im Garten in Ordnung? Wird man Elsa Brändströms klarem, scharfem Blick standhalten können, wenn sie einen von oben bis unten betrachtet, die Frisur mustert, nachprüft, ob die Schuhe blitzblank geputzt sind?
Haushaltsschülerinnen und Diakonissinnen, Erzieher und Erzieherinnen, »Stammkinder« und Erholungskinder versammeln sich vor dem Hauptportal, um Schwester Elsa zu begrüßen.
Aus einem großen schwarzen Auto steigt eine hochgewachsene blonde Frau mit strahlendblauen Augen. Man jubelt ihr zu. In hartem, guttural mit schwedischem Akzent gesprochenem Deutsch beantwortet sie lebhaft jede Frage und jeden Zuruf. Schon kurz darauf, beim Essen im Speisesaal, trägt sie über ihrem feinen Wollkleid mit

der Perlenkette einen weißen Kittel, geht mit Schüsseln und Kannen von Tisch zu Tisch, verteilt Grießbrei und Himbeersaft. Später hilft sie beim Abdecken, Abwaschen und Abtrocknen.
Sie ist Vorbild für alle.
Man schämt sich, wenn man nicht so zupackend und tatkräftig, so tüchtig und lebensbejahend auftritt wie sie. Ilse, noch nicht lange in Neusorge, ist damals mit einem Buch in der Hand und einer Wolldecke unterm Arm in den Park von Schloß Neusorge geschlichen, wo die anderen einen nicht finden würden.
Danach hat sie, ganz befangen, einen Blick in Elsa Brändströms Zimmer geworfen: auf die schönen alten Möbel dort, Bilder in Goldrahmen, Teppiche und Kissen. Eine Atmosphäre, wie sie sie früher gekannt hat, als ihr Elternhaus noch ihr Zuhause war. Jetzt aber ist Neusorge ihre Heimat, und sie bekommt, wie alle Kinder, zu hören: »Du mußt alles vergessen, was früher war.«
Stark und der Zukunft zugewandt, erzogen zur Selbstdisziplin und Selbstbeherrschung, glücklich ohne Schatten der Vergangenheit: So wünscht sich Elsa Brändström die Kinder in ihrem Heim.
In einem Aufsatz »Glückliche Menschen. Einige Gedanken über Kindererziehung« schreibt sie 1925:
»Laßt das Kind bald verstehen, daß die Welt dem Starken gehört, und laßt es seine Kräfte an einer Arbeit messen, die es zwingt, jeden Muskel körperlich oder geistig zum Äußersten zu spannen, laßt es die Freude erleben zu fühlen, wie die Fähigkeiten sich in jedem schweren

Kampf entwickeln: Dann wird es ein glücklicher Mensch.«

Ilse, die damals Zwölfjährige, hat gespürt, wie schwierig es war, den Erwartungen der Elsa Brändström zu entsprechen: »Schwester Elsa kannte uns alle mit Namen, war zu jedem freundlich. Aber ihre Lieblinge waren die Kinder, die groß und gut gewachsen, kraftvoll strahlend und heiter waren wie sie selber. Man hatte in ihrer Gegenwart immer ein schlechtes Gewissen. Nicht, weil man Unrechtes getan hatte, obwohl dies natürlich auch der Fall sein konnte, sondern weil man fühlte, wie anders man selber war, wie wenig man ihren Erwartungen entsprach, und daß dies zu den Dingen gehörte, die man mit dem besten Willen nicht ändern konnte.«

»Sie wollte starke, freie, das Leben froh bejahende Menschen heranbilden, die fähig sein sollten, in der Welt einst Tüchtiges zu schaffen, Erfolgreiches zu leisten, die sich für Ideale begeistern konnten. Früh schon zu großer Selbständigkeit, zum Bewußtsein der eigenen Verantwortung erzogen, wuchsen die Kinder dennoch in einer Atmosphäre von Sonne, Glück und Freiheit auf und nahmen die Erinnerung an eine glückliche Kindheit als kostbaren Schatz mit hinaus ins Leben.«

So sieht Gräfin Üxküll, Leiterin von Marienborn, Elsa Brändströms Erziehungsideale.

Von ihren Erlebnissen in Sibirien spricht Elsa nicht zu den Kindern. Obwohl fast alle ihre Väter im Ersten Weltkrieg verloren haben, will sie den Heranwachsenden nichts von »früher« mitteilen, nichts von ihrer Arbeit unter den deutschen und österreichischen Kriegsgefangenen erzählen. Das ist lange her und vergangen für sie. Die Kinder sollen in der Gegenwart leben und den Anforderungen der Zukunft gewachsen sein. Jedem Neuankömmling rät sie, die Vergangenheit ganz zu vergessen.

»Aber eigentlich wollte ich das gar nicht«, meinte heute ein ehemaliger Schützling Elsa Brändströms und fügt rasch hinzu: »Aber dann habe ich mich schnell eingewöhnt. Wir Neusorger haben das Glück gehabt, in unmittelbarer Nähe eines großen Menschen aufzuwachsen.«

Noch heute treffen sich ehemalige »Neusorger«, halten in Gesprächen und Rundbriefen Erinnerungen wach. Elsa Brändström hat in ihnen ein sehr starkes Gemeinschaftsgefühl geweckt. Geschichten werden erzählt, wie Schwester Elsa lobte und anspornte, aber auch tadelte und zürnte.

Z. B. ist einmal während des Bastelns einem Jungen das Laubsägeblatt zerrissen und mit voller Wucht durch die Spitze des Zeigefingers gedrungen. Die Familienmutter geht mit dem Jungen zu Schwester Elsa, die sich müht, das Sägeblatt wieder herauszuziehen. Das tut weh. Aber der Kleine läßt sich nichts anmerken. Über diese Haltung ist Elsa richtig glücklich. Sie lädt den Jungen – er ist ein Ferienkind – sofort für die nächsten Ferien wieder ein.

»Schwester Elsa hatte so etwas Schützendes, Väterliches an sich«, erzählt eine ehemalige Mitarbeiterin. »Das

Mütterliche verkörperte eigentlich Schwester Anni Rothe.«

Diese Schwester Anni, die später auch Elsa Brändströms einziges Kind liebevoll umsorgen wird, bleibt auf allen Bildern der Neusorger Jahre im Hintergrund. Still, schmal und schwarz in ihrer Rotkreuztracht – so scheint sie auf Fotos neben ihrer Freundin Elsa fast zu verblassen. Aber sie ist für die Kinder eine liebevolle, behutsam tröstende Mutter.

Wieder einmal weht vom Dach des Schlosses die blaugelbe schwedische Fahne. Wieder einmal ordnen sich alle zum Empfang Schwester Elsas. Nur ein kleiner Junge versucht, sich zu verstecken. Er ist Bettnässer. Daß er damit von den anderen Kindern geneckt wird, findet er schlimm genug. Jetzt aber, als er gerade aus der Schule kommt, sieht er auch noch neben der schwedischen Fahne ein weißes Tuch wehen: sein Bettuch, das aus dem Fenster des Schlafsaals hängt. Seine Familienmutter muß entdeckt haben, was ihm in der Nacht – und er weiß einfach nicht, warum – passiert ist. Wie soll er nun dastehen vor Schwester Elsa und den anderen Kindern? Am besten ist es, sich ganz schnell zu verdrükken . . .

Plötzlich aber hält ihn jemand fest. Schwester Anni gibt ihm einen Blumenstrauß in die Hand. Ausgerechnet ihn hat sie für die Begrüßung ausgewählt. Das gilt als höchste Ehre.

Strahlend steigt Elsa Brändström aus ihrem Auto, umarmt und küßt den Jungen, der später schreiben wird: »Ich war in dem Augenblick das glücklichste Kind der Welt. Ich war selig.«

Verdankt hat er diesen glücklichen Augenblick Schwester Anni, die damals mit einem stillen, kleinen Lächeln oben auf der Treppe stand und von da aus die Szene beobachtete.

Elsa, die Strahlende, der Kamerad, die Zupackende. Ihr Bild schiebt sich bei allen, die sie kannten, mehr in den Vordergrund als das ihrer Mitarbeiter und Mitarbeiterinnen.

Ein Student, in den zwanziger Jahren vorübergehend als Helfer in Neusorge, erlebt sie so:

»Mit etwas gemischten Gefühlen hielt ich meinen Einzug. Denn der Gedanke, Kindermädchen zu sein, war mir noch neu. Auf der ersten Treppe begegnete uns Schwester Anni und sagte mit freudig erregter Miene: ›Die Kohlen sind da!‹ Auf dem nächsten Treppenabsatz strahlte uns ein junges Mädchen an: ›Die Kohlen sind angekommen!‹ Und zwei Jungen überrennen uns fast: ›Im Hof sind die Kohlen!‹

Wir fanden, daß uns das gar nichts anging, machten uns fein in unseren Zimmern und gingen hinunter, um uns der Herrin des Hauses vorzustellen. Und da sahen wir eine unglaublich strahlende Frau in einem einfachen Kittel in unglaublichem Tempo Kohlen schippen: ›Wir müssen nämlich alles selber machen‹, sagte sie, als sie uns herzlich willkommen geheißen hatte, ›wir können es anders vor unseren Kindern nicht verantworten.‹ Es war erstaunlich, wie schnell bei uns die Röcke hinunterflogen und mit welcher Begeisterung wir bei der Verstauung der Zentner Kohlen im Keller halfen. Dafür hatten wir aber am Abend schon Heimatrecht.«

Nicht alle jungen Helfer und Helferinnen sind vom ersten Tag an begeistert von Elsa Brändströms Erziehungsstil.

Eine der damaligen Haushaltsschülerinnen faßt ihre Erinnerungen zusammen: »Jeder ehemalige Neusorger weiß, wie himmelhoch ich – damals 17jährig – für unsere geliebte Schwester Annie schwärmte, wie hingerissen ich von Schwester Elsas Großzügigkeit, Schwung, Tatkraft, Bescheidenheit und ihrer hohen Auffassung von persönlicher Zucht und Opferbereitschaft war. So bin ich auch heute noch diesem ›Neusorger Geist‹ innerlich stark verpflichtet. Trotzdem kam es damals unter uns Schülerinnen zu einer kleinen Meuterei. Wir fühlten uns zu ›Aschenputteln‹ degradiert, von den Erwachsenen wie Luft behandelt. Und Schwester Elsa sagte uns auch nichts von ihrer Idee, die sie zur Gründung von Neusorge und der dort herrschenden ›Idee der persönlichen Freiheit im Dienste der Allgemeinheit‹ geführt hatte.« Sie und einige andere junge Mädchen bitten Elsa Brändström um ein Gespräch.

Lange Erklärungen jedoch dürfen sie nicht erwarten. Die Herrin von Schloß Neusorge mustert die jungen Rebellinnen mit ihrem durchdringenden Blick und sagt ernst: »Ich hatte gehofft, Sie würden hier helfen, statt Spannungen zu organisieren. Ich weiß, daß Sie hart arbeiten müssen hier und daß es primitiv ist, wie Sie untergebracht sind. Aber das ist nur gut für junge, gesunde Menschen. Ich hatte gehofft, Sie würden mir helfen, den Kindern hier eine frohe Jugend zu schaffen.« Damit ist die Unterredung beendet.

Das Ergebnis: »Wir haben uns furchtbar geschämt und haben von diesem Tag an doppelt so viel und doppelt so gern für Neusorge gearbeitet.«

Die jungen Betreuer und Betreuerinnen dürfen auch nur in seltenen Ausnahmefällen etwas über die früheren Lebensumstände ihrer Schützlinge erfahren. Unvoreingenommen und unbelastet sollen sie den Kindern gegenübertreten.

Daß ihnen kulturelle Anregungen und theoretische Weiterbildung fehlen, sieht Elsa Brändström nicht als Problem an. Idealismus und frohe Laune – davon ist sie überzeugt – reißen auch diejenigen mit, die enttäuscht und erschöpft, müde und überanstrengt sind.

Sie selbst läßt sich häufig von ihrer Intuition leiten. So trifft sie einmal auf einer Auslandsreise eine junge Frau und bietete ihr spontan an: »Kommen Sie nach Neusorge und werden Sie meine Sekretärin.«

Die junge Frau übernimmt ohne lange Überlegungen diese Aufgabe: »Ich sagte ohne Zögern zu. Es war eine der wunderbarsten Fügungen meines Lebens.« Es scheint, als könne sich niemand Elsas Kraft und Ausstrahlung entziehen.

Für die Kinder, denen Elsa über ihre Arbeit bei den Kriegsgefangenen nichts erzählt, ist es ein Wunder, wie diese Frau von Außenstehenden verehrt wird.

Sie erleben z. B. mit, wie ein Polizist sie, die gerade erst Autofahren gelernt hat, nach dem Führerschein fragt. Als er ihren Namen sieht, fragt er ungläubig: »*Sie* sind das? Ich kann es kaum fassen, den Tag muß ich mir im Kalender ankreuzen – Sie sind ja die Frau, die meinem Vater in Sibirien das Leben gerettet hat!«

Ein andermal, als die Neusorger Kinder einen großen Ausflug nach Marienborn unternehmen, werden sie in dem kleinen Ort Wildsruff vom Bürgermeister empfangen, der eine Rede auf Schwester Elsa hält, eine Dankesrede.

»Es war überwältigend, wie der Dank an Schwester Elsa hier zum Ausdruck kam«, berichtet eine der Familienmütter. »Man muß bedenken, daß das Erlebnis mit ihr hier, im Jahr 1924, noch so frisch, so unmittelbar war. Es waren ja erst knapp zwei Jahre vergangen, daß die letzten Plennys aus der Gefangenschaft zurückgekommen waren. Nun konnten sie etwas für die Frau tun, die so viel für sie getan hatte. Die Kinder wurden in Privatquartieren untergebracht, zumeist in Plenny-Familien. Was diese Familien für die Kinder getan haben, kann man nur würdigen, wenn man bedenkt, daß die Inflation mit ihren Billionenwerten erst ein halbes Jahr vorbei war, daß wir alle arm waren und große Arbeitslosigkeit herrschte. Aber jeder wollte, so gut er es konnte, seine Liebe und Dankbarkeit zeigen: Da schliefen Väter auf dem Fußboden, damit das Kind ein Bett hatte. Da backten Mütter Kartoffelpuffer, obgleich das Fett so knapp war. Da gab es dicke Wurstbrote, wenngleich damit die

Wochenration verbraucht wurde. Und jedes Kind brachte noch eine Wegzehrung mit, als am nächsten Tag die Wanderung weiterging.«

Natürlich fangen die Kinder jetzt an zu fragen: Warum sind die Leute so freundlich zu uns, wollen sie wissen, was hat das mit Schwester Elsa zu tun, wieso war sie denn bei den Gefangenen im Krieg, weshalb dürfen wir darüber nicht mehr erfahren?

»Die Vergangenheit müssen wir ganz vergessen.«

Den Satz kennen sie alle.

So wehrt Elsa Brändström auch weiterhin drängende Fragen ab. Den älteren der Kinder schenkt sie allerdings ihr Buch »Unter Kriegsgefangenen in Rußland und Sibirien 1914–1920« mit Widmung. »Ihr werdet es sowieso nicht lesen, es ist nur ein trockener Tatsachenbericht«, sagt sie dazu und erzählt, daß sie als Kind am liebsten vor jedem Buch davongelaufen sei.

So wird auch in Neusorge nur gelesen, wenn es für die Schule verlangt wird.

Die Schule in Mittweida liegt fünf Kilometer entfernt vom Heim Neusorge. Daß die Kinder den Schulweg zu Fuß machen, ist »Ehrensache«. Die älteren bekommen Fahrräder aus einer Stiftung. Manchmal nehmen sie eins der kleineren Schulkinder mit (obwohl das verboten ist), und dann werden sie im Schulort Mittweida in bestem Sächsisch begrüßt: »Ihrer zwee – uf d'r Miehle!«

Überhaupt sind die »Neisorcher« als etwas absonderlich bekannt und haben wenig Kontakt zu den Kindern aus der Umgebung. Sie sind anders gekleidet als die übrigen

Jugendlichen, ziehen sich nie »warm genug an«, weil sie abgehärtet werden sollen: Kniestrümpfe tragen sie noch, wenn die Kinder aus Mittweida von ihren Müttern längst schon in warme Wintersachen eingepackt werden. Einheimische haben Mitleid mit ihnen, die so spartanisch erzogen werden. In einer »Volksküche« sollen sie zusammen mit Arbeitslosen und Fürsorgeempfängern mittags eine dicke Suppe bekommen, ehe sie sich wieder auf ihren langen Rückweg machen müssen. Die Kinder lehnen das ab – sie wollen lieber in ihrer Gemeinschaft bleiben. Auch gegenseitige Einladungen gelingen nicht.
»Ich kannte von zu Hause her Geburtstagsgesellschaften mit Klassenkameradinnen«, erinnert sich Ilse. »Einmal gelang es mir auch, eine solche zustande zu bringen. Die Töchter der Mittweidaer Ärzte, Lehrer, Pastoren, Beamten und Textilfabrikanten jedoch waren in ihren Elternhäusern wohlbehütet aufgewachsen. Die Einfachheit, in der wir in Neusorge gewohnt haben, wird sie erschreckt haben.
So fanden wir Neusorger uns, ohne daß wir es wollten, isoliert und hielten nun um so mehr zusammen. Wir empfanden wohl manchmal etwas Neid den Mitschülern gegenüber, für die, wie wir meinten, alles so viel leichter war. Aber das hätten wir um keinen Preis zugegeben. Und letzten Endes hätten wir mit ihnen auch nicht tauschen mögen. Wir entwickelten eine Art antimaterialistische Einstellung, aus der heraus wir mit Sokrates sagten: ›Wie vieles gibt es doch, dessen *ich* nicht bedarf.‹«
Dennoch: Es fällt nicht leicht, immer anspruchslos und

genügsam zu sein. Als ein Mädchen ein Grammophon und Schallplatten nach Neusorge mitbringt, als die Heranwachsenden Schlager hören und miträllern, kommt in vielen der Wunsch auf, »richtig« tanzen zu lernen. Eine Erzieherin erklärt sich bereit, ihnen Tanzstunden zu geben. Doch das Ergebnis ist eher kläglich. Denn den meisten wird nun überdeutlich bewußt, wie wenig ihre schlichten Kleider und ihre flachen, derben Schuhe zu den Modetänzen der Zeit passen. Reigen und Volkslieder entsprechen dem Stil von Neusorge, aber Foxtrott und Charleston, Shimmy und Slowfox gehören nicht in diese Umgebung. Man singt Schwester Elsa abends Landsknechtlieder und alte Volksweisen vor, weil sie das liebt. Und niemand ahnte, daß Elsa in ihrer Jugend eine umschwärmte Ballkönigin war, die keinen Modetanz ausließ . . .

Margarethe Cronau, Vorsitzende der Quarter Collection in New York, kommt zu Besuch. Sie war es, die Elsa Brändström 1923 die Gelegenheit zu ihrem ersten Vortrag in den Vereinigten Staaten gab. Nun möchte sie sich an Ort und Stelle darüber informieren, was aus Elsas Plänen, ein Kinderheim zu gründen, geworden ist.

Die kleineren Kinder spielen ihr das Märchen »Schneewittchen« vor. Die größeren haben im Park ein Landsknechtlager aufgeschlagen mit Zelten und Lagerfeuern. Begeistert notiert Margarethe Cronau:

»Um die Feuer hockten die wackeren Landsknechte und sangen Lied um Lied, ernste und traurige Weisen, aber auch lustige Schelmenlieder. Sie sangen von Tod und

Sterben in der Schlacht für Kaiser, König und Vaterland, vom Mädel, das sie beim Scheiden verlassen mußten, und vom harten Kampf um die Fahne, endend in dem Ruf: ›Herr Gott, gib uns die Fahne wieder, für die unsere Brüder gefallen sind!‹ Auch vom Bechern und Würfelspiel, die ja vom Landsknechtleben unzertrennlich sind, wurde gesungen. Das Lied: ›Ich hatt' einen Kameraden‹ hatten die Knaben ergänzt, indem sie sangen: ›Die Vöglein im Walde, die singen ja so wunder-wunder-schön. O Deutschland, mein Deutschland! Du darfst nicht untergehn!‹ Am Ende des Verses standen die schlanken Jungengestalten ernst, wie zum Gebet, mit hochgestellten Fahnen und sangen: ›Deutschland, Deutschland über alles!‹«

Stolz und strahlend schaut Elsa Brändström ihren Zöglingen zu. Kummer bereiten ihr nur zwei Mädchen, die über Nacht ausgeblieben sind. Diese Art von Freiheit geht zu weit, da ist sie unerbittlich. Die beiden müssen auf der Stelle das Heim verlassen.

Eine verschworene Gemeinschaft, in die man sich bedingungslos einfügt – so erleben die Kinder und Jugendlichen die Jahre in Neusorge. Schon gleich zu Beginn haben sie selbst ein »Familiengericht« ins Leben gerufen. Das heißt, jede Gruppe beschließt gemeinsam mit der Erzieherin, wie ein Kind für seine Missetat bestraft wird. Zwei Jungen, die Kirschen geklaut haben und vom Besitzer der Bäume bei Schwester Elsa verklagt worden sind, dürfen sich aussuchen: Entweder werden sie eine Woche lang von allen anderen nicht angespro-

chen oder einmal gründlich verprügelt. Die beiden entscheiden sich für die sogenannte »Familienkeile«.
Verweichlicht werden sie wahrhaftig nicht, die Neusorger Kinder. Vielen macht der lange Schulweg – eine Stunde hin, eine zurück, und das bei jedem Wetter – zu schaffen. Sie sind nachmittags oft zu erschöpft, um alle Schulaufgaben zu machen. Hinzu kommt, daß es im Heim zwar einige gestiftete Bücher gibt, Fachbücher und Nachschlagewerke jedoch fehlen. Ohnehin hält Elsa Brändström nicht viel vom Bücherwissen. Lieber sollen die Kinder bei Wettkämpfen ihre Kräfte stählen.
Das Taschengeld, das jedem Kind zusteht, ist knapp bemessen. Ja, man kann sich für zehn Pfennige eine Makrone oder einen sauren Hering kaufen. Aber wovon Zeichenblöcke, Tuschkästen, Bücher und neue Arbeitshefte bezahlen, wenn man nur zwei Mark Taschengeld im Monat hat? Und wie sich ruhig auf die Hausaufgaben konzentrieren, wenn man in einer großen, lärmenden Gruppe sitzt, ohne Hilfe, ohne Anleitung?
Wiederholt wird Elsa in die Schule gebeten, weil die Versetzung ihrer Schützlinge gefährdet ist.
Fortan gibt es für die Kinder, die schlecht in der Schule stehen, Nachhilfeunterricht im Heim: Ältere Schüler kümmern sich um die jüngeren, hören Vokabeln ab, pauken mit ihnen Jahreszahlen, mathematische Lehrsätze und Grammatikregeln. Jedes Neusorger Kind soll sich für die anderen mitverantwortlich fühlen. Darum ist wohl auch in vielen, die hier ihre Jugend verbrachten, der Wunsch entstanden, später Lehrer oder Erzieher zu

werden. So wie es ein heute pensionierter Oberstudiendirektor ausdrückt: »Elsa Brändström war für mich eine wegweisende Persönlichkeit. In entscheidenden Momenten meines Lebens habe ich mich immer gefragt: ›Was würde sie dazu sagen? Was würde sie jetzt tun?‹«
Und eine pensionierte Oberstudienrätin ergänzt: »Wir leisteten, was Schwester Elsa von uns erwartete. Wir, die wir gewöhnt gewesen waren, Verantwortung zu tragen, zu organisieren, gehörten auch nach den Jahren in Neusorge wieder zu den Führenden.«
Zwischen den beiden Weltkriegen hält Elsa in ihrer Heimat Schweden eine Rede zur Mittsommernacht. Sie sagt:
»Es ist fast unmöglich für uns, die große Verantwortung für die Zukunft zu begreifen. Die Zukunft der ganzen Welt steht auf dem Spiel. Uns bleibt nur eine große Hoffnung – Kinder und junge Menschen sind unsere Hoffnung. Die Zukunft der kommenden Generation muß gerettet werden.«
Daher ist es für sie Aufgabe, Herausforderung und Verpflichtung, Kindern ehemaliger Kriegsgefangener ein Heim zu geben.
»Ihr sollt mit ihnen davon reden, damit auch sie dieses körperliche Grauen nicht mehr überwinden können, wenn sie das Wort Krieg hören. Ihr sollt davon reden, damit das Wort *Krieg* niemand mehr hören kann und es zu einem Wort wird, das jedem menschlichen Ohr so widerwärtig ist, daß man es nicht mehr aussprechen mag . . .

Auf uns kommt es jetzt an, ob wir den Menschen einen Ekel vor dem Krieg einflößen und ob wir ihnen diesen so fest einprägen, daß ihn keine Reden von Ehre und Heldentaten mehr aus ihren Herzen verdrängen können.«
Nein. Das hat *nicht* Elsa Brändström gesagt.
Das sind Sätze der Schwedin Selma Lagerlöf, mit der sie die Ehrendoktorwürde der Universität Uppsala bekam.
Im Gegensatz zu Selma Lagerlöf vertrat Elsa Brändström die Ansicht, die »neue Jugend« solle die Vergangenheit ganz vergessen: »Die Zukunft der kommenden Generation muß gerettet werden.«

»NOCH EINMAL SIBIRIEN«

Während in Neusorge Kriegswaisen eine neue Heimat finden, erholen sich ehemalige Kriegsgefangene in den Arbeitssanatorien Gut Schreibermühle und Bad Marienborn-Schmeckwitz. Elsa Brändström schreibt (im Vorwort zur 6. Auflage ihres Buches »Unter Kriegsgefangenen in Rußland und Sibirien«), was für sie von Anfang an für den Lebensstil in den beiden Sanatorien wichtig war: Moorbäder und Schwefelquellen, ärztliche Behandlung und psychische Betreung. Vor allem aber das Zusammenleben in einer Atmosphäre ohne gesellschaftliche Rangordnung und politische Diskussionen.

Von 1922 bis 1928 hat Marienborn jeden Sommer den heimgekehrten Kriegsgefangenen aus Rußland und Sibirien offengestanden, und bei einer Belegungsmöglichkeit von 70 Plätzen sind jährlich einige hundert ehemaliger Kriegsgefangener dort gewesen. Die Selbstkosten pro Tag einschließlich Arzt, Bäder und Medikamente betrugen etwa drei Mark. Von den Besuchern haben aber nur etwa die Hälfte die Selbstkosten getragen, die übrigen Gäste bezahlten einen sehr ermäßigten Pflegesatz oder hatten einen Freiplatz.

Die ehemaligen Kriegsgefangenen, die Marienborn in den sieben Jahren besuchten, gehörten allen Schichten und allen politischen Richtungen an. Es gibt keine Tischordnung. Titel und Berufsbezeichnungen spielen keine Rolle. Soziale Unterschiede sollen gar nicht erst aufkommen. In jedem Gastzimmer hängt ein Zettel mit dem Satz: »Marienborn ist das Eigentum eines jeden Plenny, und es versteht sich von selbst, daß jeder sein Eigentum durch freiwillige Dienste erhöht und verschönert.«

Die Leiterin des Hauses, Gräfin Üxküll, packt bei allen Arbeiten genauso mit an wie alle Angestellten und alle Kurgäste. In den zwei großen Gärten wird gegraben, geschnitten, gesägt, gerodet. Das Trinkwasser muß von auswärts geholt werden. Beim »Heukommando« wird jede Hand gebraucht: »Die Frauen des Hauses natürlich mitten darunter, unter den vordersten aber immer Schwester Elsa.« So schildert es einer der Heimkehrer.

Ein Plenny, zur Erholung in Marienborn, kann diese Erinnerung nicht vergessen:

»›Jetzt müssen wir aber ein Spiel machen‹, ruft nun die Schwester Elsa. Und die schlanke, hohe Gestalt in dem leichten weißen Kleide reckt sich groß auf, die klaren Augen blitzen, und dem Nächstbesten – sie sucht nicht lange herum – streckt sie die Hand hin. ›Kommen Sie, fangen wir an: Eins, zwei, drei, das letzte Paar vorbei!‹ Und nun geht ein tolles Treiben an, ein Jauchzen und Rufen, ein Laufen und Springen, Fliehen und Haschen ... bis es kühl und dämmrig wird und die besorgte Mutter Gräfin zum Aufbruch mahnt.«

Ein junger Helfer aus der Steiermark, mit Kindern aus seiner Heimat zur Erholung in Neusorge, schreibt beim Abschied diese Sätze über Elsa Brändström: »Sie, die beste unter den Frauen, mit ihrer starken Klarheit, sie weiß wohl selbst nicht, was sie über Menschenherzen vermag! Tränenschwer sind unsere Augen. Über schmerzdurchbebte zuckende Steirergesichter fallen heiße Tränen zum Abschied von Schloß Neusorge und seiner lichten Herrin. Sie fließen zu ihrer Mutterweihe . . . Heilige Mutter Elsa – du!«
Elsa Brändström ist zu jener Zeit eine Frau von Ende Dreißig, wirkt aber viel jünger. Harry Graf Kessler, Diplomat und Präsident der Deutschen Friedensgesellschaft, notiert in seinem Tagebuch (1926), sie sei »äußerlich ein auffallend hübsches, vornehmes, schlankes, blondes Mädchen, eine nordische Jeanne d'Arc. Ganz unkompliziert, aber stark«.
Fast alle haben diesen Eindruck von ihr, sehen sie als unkomplizierte, strahlende, junge Frau, die niemals ein Anzeichen von Müdigkeit auch nur ahnen läßt.
Ganz wenigen Menschen ist es gelungen, Elsa Brändström wirklich nahezukommen. Dazu gehören ihre engsten Freundinnen »Addi«, Schwester Anni Rothe, und Elsa Björkman, mit der sie seit frühen Kinderjahren eng verbunden ist. Beide wissen, daß Elsa in ihrem Leben immer dann in eine große Krise geriet, wenn sie spürte, daß sie ihre Aufgabe erfüllt hatte – daß etwas zu Ende ging – und sich noch kein neuer Anfang abzeichnete.
So war es nach ihrer Heimkehr aus Sibirien. So ist es

auch jetzt, als die Neusorger Kinder heranwachsen und die ehemaligen Kriegsgefangenen beginnen, sich wieder in der Heimat einzuleben. Etwas geht zu Ende, und noch ist nichts Neues in Sicht. Das sind Augenblicke im Leben der Elsa Brändström, in denen sie in tiefe Depressionen fällt, an allem zweifelt, sich überflüssig fühlt.
Der Freundin Elsa Björkman hat sie später anvertraut, daß sie in jenen Jahren oft an Selbstmord gedacht habe. Angesehen hat ihr das niemand. Sie ist nach wie vor energisch und zupackend aufgetreten, optimistisch und dem Leben zugewandt. Eine »lichte Herrin«. Und doch voll dunkler Gedanken.
In dieser Zeit hat sie eine Begegnung, die sie aufrüttelt. Noch aber spricht sie mit niemand darüber, daß sie in ihrem Heim Neusorge einen Mann kennengelernt hat, der ihr mehr bedeutet als alle anderen Menschen um sie herum.
Viele Pädagogen und Psychologen besichtigen ihre Heime, lassen sich von ihr anregen, diskutieren mit ihr über ihre Erziehungsideale. Einen ihrer Gesprächspartner kann sie nicht vergessen, obwohl er verheiratet ist und zwei Söhne hat: Schon allein deswegen müßte sie ihn aus ihren Gedanken verdrängen. Es gelingt aber ihr nicht.
Statt dessen plant sie im Herbst 1928 noch einmal eine Sibirienreise, zusammen mit Anni Rothe.
Will sie vor den widersprüchlichen Gefühlen fliehen, die sie bedrängen?
Sucht sie die Erinnerung, oder glaubt sie, daß diese

Reise ihr Klarheit verschaffen kann, wie ihr Leben weitergehen wird, wenn sie nicht mehr für andere, sondern für sich selbst handeln wird?

Der äußere Anlaß für ihre Reisepläne war folgender: Deutsche und österreichische Kriegsgefangene haben die Idee, in Rußland eine eigene, selbständige und freie Kolonie zu gründen. Sie erinnern sich, daß es – jenseits der Stacheldrähte – in Sibirien eine Art »Märchenland« gegeben hat, ein Land reich an Bodenschätzen: Kohle, Mineralien, heiße Quellen, alles ungenützte Möglichkeiten. Könnte man nicht in jene Gebiete auswandern und ein neues Gemeinwesen gründen? Ingenieure, Handwerker, Lehrer, Kaufleute – sie alle könnten dort ihre Berufe ausüben in einer unabhängigen, freien Kolonie. Und Elsa soll ihre Königin sein!

Eine Demokratie mit einer Königin – Elsa fasziniert die Idee. Sie beschließt, die Möglichkeiten zu untersuchen. Auch die Aussicht, dort jedem Arbeit geben zu können, gefällt ihr.

Immerhin ist ja in Rußland der Bürgerkrieg inzwischen abgeebbt, und man denke nur an die Auswanderungen in früheren Jahrhunderten: z. B. an die deutsche Wolgakolonie. Warum also nicht an Ort und Stelle die Chancen für eine neue Kolonie prüfen?

Elsa Brändström sucht in Berlin Hans Jonas auf, der von 1919 bis 1922 Bevollmächtigter des Schwedischen und Deutschen Roten Kreuzes in Ostsibirien war und nun als Generalsekretär der Deutschen Gesellschaft zum Studium Osteuropas tätig ist. Sie bespricht mit ihm das

Problem einer Auswanderung nach Rußland und sagt ihm, daß sie darin die letzte große Aufgabe ihres Lebens sehe.

Als Ort für eine mögliche Ansiedlung wird Barnaul in Westsibirien genannt. Dort gibt es ein fruchtbares Schwarzerdegebiet, in das seit der Jahrhundertwende deutsche Kolonisten aus den überbevölkerten Kolonien an der Wolga und am Schwarzen Meer ausgewandert sind. Das Gebiet liegt verkehrsmäßig günstig: Durch Nebenstrecken der Transsibirischen Eisenbahn läßt sich die Gegend gut erreichen.

Auf ihrer Informationsreise möchte Elsa Brändström die Autonome Republik der Wolgadeutschen und das deutsche Siedlungsgebiet zwischen Tiflis und Baku im transkaukasischen Georgien besuchen. Danach soll die DRUSAG besichtigt werden, die Deutsch-Russische Saatbau AG, die seit 1924 im Nordkaukasus Saatgut produziert. Schließlich möchte sie noch die Stätten ihres Wirkens wiedersehen: Omsk, Krasnojarsk, Irkutsk.

Nachdem sie die erforderlichen Empfehlungsschreiben erhalten hat, kann die Reise, die drei Monate dauern wird, im Januar 1929 beginnen.

Während dieser Fahrt hat Elsa Brändström seitenlange, tagebuchartige Briefe verfaßt. So offen und ausführlich wie hier hat sie sich später nie mehr geäußert. Und noch eine Tatsache macht die Post, die Elsa Brändström während ihrer dritten Sibirienreise abschickte, so ungewöhnlich: Zum ersten Mal in ihrem Leben hat Elsa nicht nur sachliche Sätze formuliert, als Vierzigjährige hat sie zum ersten Mal Liebesbriefe geschrieben ...

Doch zunächst zu ihren Schilderungen, wie sie Rußland erlebte. Die Reiseroute ging über Kiew, Odessa, Sewastopol, Jalta, Tiflis, Batum, Baku, Sartow, Moskau, Irkutsk nach Krasnojarsk und Nowosibirsk, dann zurück über Moskau, Leningrad, Riga. Von keinem anderen Lebensabschnitt der Elsa Brändström gibt es mehr biographische Einzelheiten als von diesen drei Monaten, in denen die Reisende ausführliche Briefe an Gräfin Üxküll schreibt.

»Liebste Üllas«, beginnt der erste Brief, »abends reisten wir aus Berlin ab, wie Du Dir denken kannst nach einem Tag ohne Mittagessen. Dank guter Freunde hatten wir Schlaf- und zum Glück auch Speisewagen. In Warschau dann wieder ein arbeitsreiches Pensum ohne Mittagessen; eine großzügige Stadt übrigens, zu der die heutigen Menschen in keinem Verhältnis stehen. Abends weiter im Schlafwagen, gegen Mitternacht an der russischen Grenze ... Als schließlich der Zug zum dritten Mal läutete, standen wir immer noch vor unseren offenen Koffern und waren mit all unseren Büchern immer noch nicht revidiert. Dann merkte man, Gott sei Dank, daß es ernst wurde. Und nun halfen alle, damit wir nicht weitere 24 Stunden warten mußten ...«

Von Kiew aus fährt sie am 20. Januar 1929 zu einer Besichtigung des Klosters Lavra. In ihrer Beschreibung spiegelt sich wider, daß sie die Reise genießt: »Wir sahen eine wunderschöne Kirche und das herrlichste Museum mit Stoffen, hauptsächlich Kirchengewändern. Es ist 1924 eingerichtet worden, und ich glaube kaum, daß man in ganz Europa etwas so Schönes findet. Einige andere Museen konnten wir leider aus Zeitmangel nicht sehen. Es gibt dort ein Ikonenmuseum und ein Museum für Kirchengeräte, auch in den letzten Jahren eingerichtet. Von dort fuhren wir nach der Kinderstadt Leninsk. Obwohl Quarantäne verhängt war wegen Pocken, ließ man uns als Ausländer doch herein. 975 Kinder, ukrainische und russische, Waisen und Halbwaisen, von vier bis 17 Jahren sind dort untergebracht. Der Direktor führte uns herum, und wir sahen Schlaf- und Eßsäle, Klub und Lesezimmer, Werkstätten, aber nicht das Hospital wegen Infektion. Die Schlittenfahrt zurück war so schön, und wir trugen zum ersten Mal unsere großen Pelze.«

Auch in den nächsten Tagen, als sie und Anni Rothe die Stadt Charkow durchstreifen, faszinieren sie die Museen: »Zuerst sahen wir Bilder, in großen Magazinräumen aufgestapelt. Primitive, Holländer, Deutsche, Italiener und Russen durcheinander, aber alles Sachen von Rang, und manches von Moskau eben zurückgekommen, bei Rußlands größtem Sachverständigen renoviert. Es war eine Freude zu sehen, mit welcher Liebe die Sachen jetzt gehandhabt werden. Dann sahen wir das neu eingerichtete Museum über die Produktivkräfte der Ukraine. Dies war sowohl populär als auch umfassend und gründlich. Darauf sahen wir eine schöne, vorläufig in Magazinen aufgestapelte Sammlung von Porzellan und Bronzen, Waffen, Ikonen, Möbeln und ukrainischen

Teppichen – wundervolle Sachen, die nur warten, aufgestellt zu werden. Nie ahnt man, bevor man diese Sachen sieht, welche kulturelle Einheit die Ukraine bildet ... Überall hatte man das Empfinden, daß die Museen in den Händen von Autoritäten waren, Menschen, die, wie es nur Russen können, sich ganz einer Sache hingeben. Es war ungeahnt viel Schönes, was wir an diesem Vormittag gesehen haben.«

Besuche bei Behörden und Instituten, in Schulen und Kinderkommunen, Kommissariaten und Siedlungen gehören ebenso zum Reiseprogramm wie Theaterabende und andere kulturelle Veranstaltungen: »Unser Privatleben erfolgt mit atemlosem Tempo. Anni hat selten Zeit, mehr als einen Knopf an ihren Gummischuhen zuzumachen, wo doch vier dran sind. Und die Jacke bleibt immer offen. Im Lauftempo nur kann sie mühsam noch den Anschluß an eine von mir beinahe beendete Unterhaltung erreichen. Aber das Schlußwort hört sie immer. Die anfangs erwähnten opulenten Frühstücke werden auch immer knapper, weil wir keine Zeit zum Kauen haben. Gestern hatten wir noch einen Kanten trockenes Brot. Für morgen früh ist nur Tee da, weder Zucker noch Brot, noch Butter; Käse gab es nur einmal! Aber sonst geht es uns gut!«

Wenn Elsa solche Sätze schreibt, ist sie wieder die unbekümmerte kleine »Blom« von früher. Eine, die immer ein bißchen schneller läuft als alle anderen. Eine, die mit einer unbändigen Kraft das Leben liebt. Eine, für die Rußland ein Stück Heimat bedeutet.

Tief beeindruckt zeigt sie sich von einem Kindergartenbesuch in Odessa: »Hier waren hauptsächlich Kinder von ›Dienenden‹ – der neuen Intelligenzbourgeoisie. Sehr viel Musik und rhythmischer Unterricht lag zugrunde. Es war wirklich entzückend, wie diese 90 Kinder im Alter von vier bis sieben Jahren auf die Musik reagierten. Vielleicht für uns auf *einem* Gebiet am eindrucksvollsten war die kurze Gedächtnisfeier, welche die Kinder für Lenin machten. Als sie ihre Leninhymne sangen und mit den roten Flaggen grüßten und ihren Pionierruf ›Ich bin bereit‹ riefen, ging es einem tief zu Herzen. Hierin liegt die Stärke des heutigen Systems. Und gelingt es ihnen, bei der Jugend dieses tief religiösen Volkes alle ethischen Quellen für die sozialen Aufgaben freizumachen, so werden sie vielleicht das Unmögliche erreichen können.«
Sie registriert genau, daß sie mit ihrer Kleidung und in ihrem Auftreten Aufsehen erregt: »Um 4 Uhr war Aufbruch, von 5 bis 6 der scheinbar unvermeidliche Aufenthalt im überfüllten Wartesaal, wo unsere ausländischen Pelze immer Gesprächsanknüpfung bilden. Wir stechen überhaupt durch unsere gute Kleidung ab ... Eine Frau sagte: ›Ihr müßt Fremde sein, so schön und rein sind keine von den Unsrigen!‹«
Immer wieder mischen sich in ihre Berichte über die Ansiedlungsmöglichkeiten Deutscher in der Sowjetunion ganz private, persönliche Erlebnisse. Ein Opernbesuch in Tiflis: »Abends gingen wir in die Staatsoper und hörten ›Turandot‹ – glänzend gegeben mit einer fabelhaften,

kostbaren und farbenfrohen Aufmachung. Es war so gut, wenn nicht besser, wie auf jeder europäischen Weltbühne.«

Ein Theaterbesuch in Baku: »Abends gingen wir ins türkische Theater und sahen ›Der Widerspenstigen Zähmung‹ auf türkisch. Wir hatten eine Loge zur Verfügung gestellt bekommen. Ich glaube, daß beim Spiel Shakespeares Geist nicht ganz anwesend war.«

Den Vorabend ihres Geburtstages – den 25. März 1929 – verbringt sie in Krasnojarsk, das ihr eindrücklich in Erinnerung geblieben ist: »Ein Krankenhaus war nicht vorhanden, sondern nur ein Raum, in dem man die Kranken sammelte. In diesem standen zwar eiserne Bettstellen, aber ohne Strohsäcke, Decken, Kissen und Wäsche. Alle Gefäße, Medikamente und Instrumente fehlten. Die Ärzte arbeiteten so lange es ging mit Taschenmessern. Die Erkrankungen nahmen so schnell zu, daß sogar der Fußboden und die Korridore bald überfüllt waren. Von den Kranken starben im Winter 1914/15 54 % oder 1300 Gefangene, darunter 1000 an Flecktyphus.«

Welche Erinnerungen gehen Elsa Brandström jetzt, 14 Jahre später, durch den Kopf? Weiß sie noch von ihrer Angst vor einem Massengrab, die sie während ihrer eigenen schweren Krankheit wochenlang bedrückte?

»Eine gewisse Rührung kam in mir auf«, schreibt sie, »als ich diese alten Wege ging. Den 25. 3. war herrlicher Sonnenschein und eisiger Ostwind. Wir fuhren hinauf zum alten Lager und sahen die verschiedenen Baracken, auch diejenige, wo ich seinerzeit gelebt hatte. Dann fuh-

ren wir zum Kriegsgefangenenfriedhof, wo mehrere tausend liegen. Nur das allgemeine Denkmal und einige österreichische Grabsteine und einen deutschen fanden wir und schrieben die Namen auf. Es war ein Bild trostloser Vergessenheit.«
Sie gibt sich jedoch nur kurz alten Erinnerungen hin, ihre Gedanken sind auf die Zukunft gerichtet. Schließlich ist es Zweck der Reise, festzustellen, ob ehemalige Kriegsgefangene in den fruchtbaren Gebieten der Sowjetunion die Möglichkeit haben werden, sich anzusiedeln und ihren Lebensunterhalt zu verdienen. Von Tag zu Tag zeichnet sich deutlicher ab, daß die Voraussetzungen für einen solchen Plan denkbar ungünstig sind.
Ende 1928, noch vor ihrer Abreise also, war die Neue Ökonomische Politik durch den ersten Fünfjahresplan abgelöst worden. Groß- und Mittelbauern wurden enteignet. In der Industrie und im Handel war man dabei, die privaten Unternehmer auszuschalten. Es gab nur noch staatliche Angestellte und Arbeiter. Kurz gesagt: Es gibt keinen Platz für die Entfaltung der Privatinitiative, wie »ihre« Gefangenen sich das vorstellten.
Im April 1929 sieht sie ihren Geburtsort, der jetzt Leningrad heißt, wieder: »Es legt sich einem wie ein Alp auf, wenn man diese einst so schöne Stadt sieht. Vom Bürgerkrieg und von der Zeit verwüstet, ohne jeden Versuch zur Wiederherstellung, ausgestorben in ihren mondänen Gegenden und von Armut überfüllt in den anderen, ist sie eine sterbende Stadt. Furcht vor kommender Hungersnot beklemmt noch dazu die Men-

schen. Nur einige Museen und Institute sind zeitgemäß. Wir wohnten in unserem alten Haus, der ehemaligen schwedischen Gesandtschaft. Unser alter Chasseur holte uns vom Bahnhof ab, und so vieles mutete mich heimatlich an.«

Im letzten Reisebrief heißt es: »Wenn wir jetzt zurückdenken, können wir wohl sagen, daß nie drei Monate mehr Eindrücke in sich bergen können als diese in Rußland.«

Als sie am Abend des 13. April 1929 wieder in Berlin eintrifft und Konsul Jonas Bericht erstattet über die Reise, ist er verblüfft über ihr Aussehen: »Elsa Brändström sah so frisch und strahlend aus, als hätte sie sich gerade in einem Winterkurort erholt, obwohl die Reise nicht nur wegen der Fülle des Programms und wegen des Wetters, sondern auch wegen der meist primitiven Unterkünfte und mancher anderer Unbequemlichkeit eine Strapaze war. Bis tief in die Nacht erzählte sie nüchtern und sachlich, aber doch lebhaft bewegt, von der Stärke und Mannigfaltigkeit des Erlebens. Schon am Anfang stand ihre Erklärung: ›Ich habe die Ansiedlung ehemaliger Kriegsgefangener in der Sowjetunion endgültig aufgegeben.‹«

Nein, sie wird nicht die Königin in einer autonomen Republik werden. Für ihr Leben zeichnen sich ganz neue Perspektiven ab. Gewußt hat damals kaum jemand, daß Elsa Brändström auf ihrer dritten Sibirienreise die ganze Zeit voll Sehnsucht an einen Mann gedacht hat, mit dem sie ihr weiteres Leben verbringen will. Neben den vielen tagebuchähnlichen Reiseberichten hat sie Liebesbriefe an diesen Mann geschrieben, zärtliche Sätze, Gedanken und Gefühle, die viele ihr gar nicht zutrauen:

»Moskau, den 13. 3. 1929

Darling mine,
heute abend fahren wir, wie Du durch mein Telegramm weißt, nach Irkutsk, und von dort geht es wieder zurück mit Aufenthalt in Krasnojark – Nowosibirsk und Omsk. Seitdem wir diesen Entschluß gefaßt haben, zähle ich nun die Tage bis zum 13. April! – Du weißt ja, daß ich diese Reise machen mußte, obwohl ich ständig eine so große Sehnsucht nach Dir mit mir trug – aber ich habe sie nie bereut, und mehr als ich gedacht hatte, helfen die Erfahrungen hier mir, meine sibirischen Pläne zu begraben. Und ich habe dabei nun das natürliche Schmerzgefühl, das man hat, wenn ein Kapitel, das man durchlebt hat, seinen Abschluß findet. Immer habe ich geliebt, vorwärts zu gucken, aber *nie* waren meine Gedanken mit solcher Kraft und solcher *Freude* und *Dankbarkeit* in der Zukunft wie jetzt. Worte sind so leer und nichtssagend (besonders meine) für das, was nun gelebt werden kann, und deshalb schreibe ich nichts mehr, *alles, alles,* was ich Dir sagen möchte, wirst Du fühlen und verstehen.

Deine Elsa«

Ein Kapitel findet seinen Abschluß. So drückt Elsa es aus. Viele werden überrascht sein, vielleicht auch enttäuscht, wenn sie erfahren, daß der *Engel,* der *Kamerad,*

die *heilige Mutter,* frei sein möchte für ein rein privates Dasein. Immer war sie für *alle* da und hat *allen* gehört.
Wer ist der Mann, dem sie nun schreibt, noch nie habe sie mit solcher Freude und Dankbarkeit in die Zukunft geschaut? Er heißt Dr. Robert Ulich, ist Ministerialrat und Professor für Pädagogik und Philosophie an der Technischen Hochschule in Dresden. 1918 hat er die Regierungsrätin Else Beil geheiratet. Aus der Ehe gibt es zwei Kinder, die Söhne Eckart und Konrad. Seit einiger Zeit lebt die Schwiegermutter Professor Ulichs mit im Haus des Ehepaars. Es kommt immer häufiger zu Spannungen zwischen Ulich und seiner Frau. Else Ulich-Beil weiß, daß nicht nur das schlechte Verhältnis zwischen ihrer Mutter und ihrem Mann daran schuld ist. Wie stark er sich zu Elsa Brändström hingezogen fühlt, kann er nicht länger verbergen.
Sie selbst kennt Elsa seit Mitte der zwanziger Jahre: »Unvergeßlich ist mir der Augenblick, als ich sie zum ersten Male sah. Ich saß in meinem Arbeitszimmer im Ministerium des Inneren zu Dresden, als mir Elsa Brändström gemeldet wurde. Eine große, schlanke Frau trat ein, in der Schwesterntracht des Roten Kreuzes, mit hellblondem Haar und großen, strahlenden blauen Augen. Am schönsten war, außer dem Blick ihrer leuchtenden Augen, ihr Lachen. Es klang wie ein Frohlocken. Sie setzte mir ihre Pläne auseinander und fragte, ob ich ihr brauchbare Heime vorschlagen könne. Mir fiel das Schloß Neusorge in der Kreishauptmannschaft Leipzig ein. Schwester Elsa besichtigte diese ehemalige Für-

sorge-Erziehungsanstalt und schrieb mir, daß sie das Schloß gemietet habe, weil es ausgezeichnet geeignet sei. Ich konnte nicht ahnen, daß sich wenige Jahre später unsere Wege schicksalhaft kreuzen würden – sie die Frau meines Mannes sein würde.«

Es fällt auf, wie Else Ulich-Beil über Elsa schreibt. Kein negatives Wort wird gesagt über die Frau, die ihr nach elf Jahren Ehe den Mann »wegnimmt«. Welche Gefühle Else Ulich-Beil wirklich gehabt hat, weiß niemand, aber es ist bekannt, daß keine der beiden Frauen je ein abfälliges Wort über die andere geäußert hat.

Else Ulich-Beil, Mutter von zwei kleinen Söhnen, willigt in die Scheidung ein.

Elsa Brändström wird den Professor Dr. Dr. h. c. Robert Ulich, der zwei Jahre jünger ist als sie, im November 1929 heiraten. Vorerst vertraut sie sich nur wenigen an.

Es gibt eine »Hausmitteilung« von ihr, die sie am 4. Oktober 1929 an eine der Erzieherinnen in Neusorge geschrieben hat.

»Vertraulich!« steht dick unterstrichen darüber. Dann folgt, fast scheu und schüchtern geschrieben, die Mitteilung, sie wolle heiraten, und der Wunsch: »Bitte sprechen Sie mit niemand bis Sonntagabend hierüber!« Gleich darauf das Versprechen, die Heirat werde »nichts an Neusorge rütteln«. Und schließlich, als müsse sie sich erklären und auch ein bißchen entschuldigen, der Satz: »Ich glaube kaum, daß ich Ihnen sagen brauche, wie glücklich ich bin und wie voll und reich das Leben vor uns liegt.«

Schwester Elsa hat sich verlobt? Keiner ihrer Neusorger Schützlinge wäre je auf die Idee gekommen, daß ihre Schwester Elsa sich zu einer Heirat entschließen könnte. Alle gehen davon aus, daß sie für jeden da ist und für jeden Zeit hat. Es ist undenkbar, daß irgendwann einmal ein einziger Mann für sie zum Lebensinhalt werden könnte. Man weiß zwar, daß sie nicht immer in Neusorge sein kann. Doch jeder ist davon überzeugt, daß sie während ihrer Abwesenheit selbstverständlich nichts anderes im Sinn haben wird, als Vorträge zu halten und um Spenden für das Kinderheim und die Arbeitssanatorien zu werben.
Dann aber kommt ein Abend im Herbst 1929, als der älteste Junge im Heim Neusorge alle Kinder zusammenruft und einen Brief vorliest, den Elsa so formuliert hat:
»Allen Neusorgern möchte ich heute sagen, daß ich im November Dr. Ulich heiraten werde und daß wir heute in der Engelbrechtskirche in Stockholm zum ersten Mal aufgeboten werden. Wenn wir auch in Dresden wohnen, will ich Neusorge nicht untreu werden, sondern oft hier sein und es mit Schwester Anni weiter betreuen.«
Ein ehemaliges »Stammkind« aus Neusorge erinnert sich noch heute, welchen Schock diese Nachricht auslöste:
»Die meisten von uns hatten die Empfindung, daß der Boden, auf dem sie sich in Neusorge ein paar Jahre lang sicher gefühlt hatten, wieder zu schwanken begann. Und wen wollte sie denn um Gottes willen heiraten? Gab es überhaupt einen Mann, der uns für sie gut genug

erschien? Wir gingen sehr nachdenklich auseinander und machten uns nur ungern an die Gratulationsbriefe, die nun wohl geschrieben werden mußten.«
Weder die Neusorger Kinder noch die ehemaligen Kriegsgefangenen dürfen an Elsa Brändströms Trauung teilnehmen. Kein Journalist soll erfahren, wann und wo sie heiratet. Darauf besteht sie.
Elsa wirkt verändert: weicher, gelöster. So empfinden es Menschen, die in ihrer Nähe sind.
»Es steht uns nicht zu, daß sie, die so lange für andere gelebt hat, immer nur ganz von uns beansprucht wird«, schreibt eine von Elsa Brändströms Neusorger Schützlingen in ihr Tagebuch. Sie schreibt das so ganz vernünftig und weiß doch, wie schwer es zu akzeptieren ist, daß Elsa Brändström von nun an ein individuelles Leben führen will. Jeder gönnt ihr dieses Recht; gleichzeitig aber kommt die Angst auf, eine starke Frau zu verlieren, die alles in der Hand hatte.
Nein, sie wird nicht die »Königin« von Sibirien werden. Sie wird auch nicht länger als »heilige Mutter« mit ihren Kriegswaisen zusammenleben.
Elsa Brändström wird ein neues Leben anfangen:
ihr eigenes.

»AN DEUTSCHLANDS ZUKUNFT GLAUBEN«

»Du sollst an Deutschlands Zukunft glauben,
an deines Volkes Auferstehn.
Laß diesen Glauben dir nicht rauben,
trotz allem, allem, was geschehn.
Und handeln sollst du so, als hinge
von dir und deinem Tun allein
das Schicksal ab der deutschen Dinge,
und die Verantwortung wär dein.«

Diese Verse hat Elsa Brändström als Motto für ihre Stiftung gewählt. Diese Reime grüßen von jedem der Gebäude, in denen unter ihrer Obhut Kriegsgefangene und Kriegswaisen leben. Diese Sätze stehen Elsa Brändström auch an dem Tag vor Augen, als sie am 16. November 1929 mit Robert Ulich in der Bibliothek ihres Sanatoriums Bad Marienborn-Schmeckwitz getraut wird. Propst Eduard Juhl, ein ehemaliger Plenny aus Sibirien, evangelischer Pfarrer, spricht die Worte, die sie selbst für ihre Trauung gewählt hat:
»Ein jegliches hat seine Zeit, und alles Vornehmen unter dem Himmel hat seine Stunde . . . Ich sah die Mühe, die

Gott den Menschen gegeben hat, daß sie darin geplagt werden. Er aber tut alles fein zu seiner Zeit.«

Als Propst Juhl Elsa Brändström und Robert Ulich einsegnet, zittern ihm die Hände. Nie in seinem Leben wird er diesen Augenblick vergessen, in dem er Elsa Brändström segnet: »Stellvertretend für Hundertausende«, so empfindet er es, breitet er seine Hände über Elsa Brändström aus.

Vorerst scheint es so, als gebe es zwar ein paar Änderungen im Alltag nach Elsas Hochzeit – doch noch läuft das Gemeinschaftsleben in Neusorge ab wie gewohnt. Elsa hat jedem der Kinder versichert, sie seien herzlich willkommen in ihrer neuen Wohnung in Dresden. Das tröstet.

Ein paar Tage nach der Hochzeit schickt Elsa Brändström-Ulich, wie sie nun unterschreibt, eine Briefkarte nach Neusorge an ihre »lieben Mädels«. Sie bedankt sich für ihr Geschenk, eine Tischdecke mit sechs Servietten, auf die Motive mit Seide aufgespritzt sind – damals eine neue Technik. »Tausend, tausend Dank an Euch alle!« schreibt Elsa. »Jetzt weiß ich ja, weshalb ich so oft ›blind‹ durch das kleine Wohnzimmer gehen mußte! Oft werde ich die Decke benutzen und immer an meine lieben Mädels denken. Auf baldiges, frohes Wiedersehen!«

Die Mädchen sind erleichtert. Manch eine hat insgeheim gefürchtet, Schwester Elsa werde sie jetzt vielleicht vergessen in ihrem privaten Glück. Doch diese Angst ist unbegründet. Alle aber wissen: Heim Neusorge wird eines Tages geschlossen werden.

Das Sanatorium Marienborn ist bereits aufgelöst worden. Der letzte »Kurgang« – 15 Plennys – erlebt am allerletzten Tag etwas Beklemmendes. An diesem Tag stirbt hier ein Kriegsgefangener. Der erste und der einzige, seit Marienborn als Arbeitssanatorium existiert. Am Abend wird der Sarg in der Gaststube aufgebahrt. Elsa schmückt ihn mit Herbstblumen. Dann werden draußen Pferde vor den Leiterwagen gespannt, und beim flakkernden Licht einer Stallaterne bringt man den Toten zum nahe gelegenen Kloster Marienstern.

Am nächsten Morgen reisen die letzten Plennys ab. Elsa hat Tränen in den Augen.

Das Jahr 1930 beginnt für die Neusorger wie immer. Zu den »Stammkindern« gesellen sich, wie alle Jahre, vorübergehend »Erholungskinder«, und Schwester Elsa steht strahlend und gerührt auf der Terrasse und lauscht dem selbstgedichteten Lied der Neuankömmlinge:

»Wir kommen von des Rheines Strand
Voll Freude in das Sachsenland,
In Schwester Elsas schönes Heim
Und wollen dort recht artig sein.«

Übermütig antworten ihnen die »Stammkinder« mit ihrem Lied, in dem es heißt:

»Freude am Schaffen, Freude am Leben
hat uns der Himmel gegeben!«

Noch ist alles eitel Freude. Mit allem, was in der Welt »draußen« vor sich geht, sollen die Kinder hier nichts zu tun haben. Von den politischen Streitereien der vielen Parteien werden sie bewußt ferngehalten. Es gibt zwar Zeitungen im Familienzimmer. Doch das dürfen nur die Erzieher und Haushaltsschülerinnen am Abend betreten. Allerdings: Neusorge kann auf die Dauer keine abgeschiedene Idylle bleiben.

So erleben die Jugendlichen eines Tages auf einer Wanderung, daß sie aus heiterem Himmel verprügelt werden. Der damals 15jährige Bruno erzählt:

»Wir hatten eine Wanderung zur Burg Kriebstein gemacht und marschierten singend im Schein der untergehenden Sonne Schloß Neusorge entgegen. Der Weg führte an der Zschopau vorbei und war gekennzeichnet von vielen Baustellen, von denen aus damals an der Errichtung der Zschopauer Talsperre gearbeitet wurde. Als wir nun singend an einer solchen Baustelle mit Arbeitern, die wohl – für das damalige Sachsen nichts Ungewöhnliches – Kommunisten waren, vorbeizogen und unglücklicherweise – wir wollten keineswegs provozieren – das Lied vom stolzen Kaisergrenadier sangen, stürzten sich die Arbeiter auf unser armseliges Häufchen und verdroschen uns einschließlich unseres Führers, der sogar mit Fußtritten traktiert wurde. Wir haben aber alles heil überstanden. Es brauchten weder Verbände angelegt noch Krankentragen angefordert zu werden. Ein paar kleine Flecken und, ich gestehe, doch eine große Portion Angst beim Anblick dieser finster dreinblickenden und schimpfenden Muskelpakete waren der Preis für den ach so tapferen Kaisergrenadier.«

Wie das Lied vom Kaisergrenadier lautete, daran kann er sich nicht erinnern. Wohl aber daran, daß kurze Zeit später ein Neusorger Junge stolz unter seinem Rockaufschlag eine Wolfsangel – das Abzeichen der nationalsozialistischen Jugendorganisation, wie er sagt – zeigt und begeistert über die Ziele dieser Gruppe spricht.

Endlich, so verkündet er den Kameraden und Kameradinnen, gebe es da einen Mann, der mit Mut und Entschlossenheit daran ginge, die verfahrene deutsche Situation zu meistern. Hat nicht Schwester Elsa auch immer betont, daß man bereit sein muß, Verantwortung zu übernehmen und Aufgaben zu erfüllen, die über die Befriedigung der persönlichen Bedürfnisse hinausgehen?

Ein junger Erzieher, ein Theologe, veranstaltet von nun an für die Größeren regelmäßig politische und literarische Abende mit Vorträgen und Diskussionen. Die Jugendlichen dürfen jetzt auch im Familienzimmer Zeitungen lesen. Allen ist in der Schule die demütigende Lage ihrer Nation seit dem »Schanddiktat« von Versailles eingeprägt worden. Um so befreiender nun das Gefühl, daß es damit vorbei ist. Es geht aufwärts. Die Jungen und Mädchen fühlen sich als »Garanten der Zukunft«. Sie verstehen nicht, wie manche so blind gegenüber der neuen Zeit sein können.

»Du sollst an Deutschlands Zukunft glauben.« Schwester Elsa selbst hat noch dieses Motto für die Erziehung in Schloß Neusorge ausgewählt. Es kommt zu erbitterten Diskussionen, als der junge Erzieher über die Ziele

der Kommunisten berichtet. Eine solche Partei gewinnt keinerlei Vertrauen bei den Neusorgern.
Vier Mädchen und drei Jungen gründen einen Diskussionsclub, den sie »Wir« nennen. Ihre Themen heißen zum Beispiel: »Arbeit, ein Fluch – Arbeit, ein Segen« und »Wie stehen wir zur Kameradschaftsehe?«
Wenn sie Schwester Elsa in ihrer Wohnung in Dresden besuchen, berichten sie aufgeregt und bewegt über ihre Diskussionsergebnisse – und auch darüber, wie brennend sie sich für den Nationalsozialismus interessieren. Professor Ulich, Elsas Ehemann, erleben sie in solchen Momenten als einen stillen, nachdenklichen Mann, der sie aufmerksam beobachtet – und dann rasch wieder in sein Arbeitszimmer verschwindet. Später, Jahre später, hat er gesagt, wie stark er, ein religiöser Sozialist, unter den Begeisterungsausbrüchen mancher junger Neusorger gelitten hat.
Einige von ihnen sind Mitglieder und Führer des NS-Schüler- und Schülerinnenbundes geworden, einer Vorform der Hitlerjugend. Sie suchen das Gemeinschaftsgefühl, das der NS-Staat ihnen gibt. Sie glauben, das Richtige zu tun, wenn sie sich in den Dienst des Nationalsozialismus stellen. Elsa bestreitet das. Gleichzeitig aber hat sie so viel Achtung vor der freien Entscheidung eines jeden, daß sie niemanden daran hindert.
Ihr Mann kann eine solche Einstellung nur kopfschüttelnd registrieren. Er findet, sie solle entschieden gegen die radikalen Ideen mancher Neusorger angehen, doch er mischt sich nicht in ihre Erziehungsvorstellungen ein.

Wer die beiden als Paar erlebt, schildert ihn als weltabgewandt, träumerisch und unpraktisch – also genau das Gegenteil von Elsa. In ihrer Ehe ergänzen sich sich ideal. Eines nur hat Ulich an seiner Frau auszusetzen: »Du besitzt zu wenig die Eigenschaft des ruhig entspannenden Genusses.«

Elsa erleidet mehrere Fehlgeburten. Der Hausarzt rät ihr dringend, sich mehr zu schonen.

Das ist zu einem Zeitpunkt, als die ältesten Neusorger schon studieren oder in einer Berufsausbildung stehen. Nur noch etwa 50 Kinder sind in der zweistöckigen »Orangerie«, die zum Schloß gehört, untergebracht. Das Ende von Neusorge, das ja nur auf zehn Jahre gepachtet worden war, ist abzusehen. Elsa Brändström veröffentlicht folgenden Zeitungsartikel, der zugleich ein Rechenschaftsbericht ist:

»*An alle Freunde des Kinderheims Schloß Neusorge,*
mit diesen Zeilen möchte ich um das weitere Interesse und die fernere Unterstützung meiner Arbeit für die Neusorger Kinder bitten, bis ich diese meine Aufgabe in etwa fünf Jahren endgültig zum Ziel geführt habe. Soweit es in meiner Macht steht, will ich versuchen, mein Versprechen, das ich den sterbenden Kriegsgefangenen gab, einzulösen, für ihre Kinder in Deutschland zu sorgen.

In den vergangenen sieben Jahren hat das Kinderheim Schloß Neusorge 2933 Kinder zu mehrmonatigen Erholungskuren aufgenommen. Einzelne dieser Kinder sind einmal dagewesen, manche haben sieben Jahre ihren Besuch wiederholt. Für die Stammkinder, die ganz bei uns erzogen wurden, war und ist Neusorge ihre Heimat. Alle diese Kinder sind nun aber herangewachsen und brauchen nicht mehr ein Kinderheim, sondern Freunde, die ihnen im Leben weiterhelfen. Und so habe ich mich entschlossen, zum 1. April 1931 die Pforten von Neusorge für die Kinder der ehemaligen Kriegsgefangenen zu schließen und meine Arbeit umzustellen.

Ich empfinde es jetzt als meine Hauptaufgabe, den Tüchtigsten und Fähigsten aus dieser großen Jugendschar, die durch Not und Schicksal in ihrer *weiteren Ausbildung* behindert sind, weiterzuhelfen. Ihre Zahl muß leider nach den vorhandenen Mitteln beschnitten werden. Den Kern dieses Kreises bildet eine kleine Gruppe von noch nicht schulentlassenen Stammkindern. Für diese werde ich nicht, wie ich einst dachte, ein neues kleines Heim einrichten. Ich glaube, in dieser wirtschaftlich so schweren Zeit soll man nichts Neues aufbauen, sondern nur alles Vorhandene benutzen. Ich werde deshalb diese Kinder in schon bestehenden Internaten und Schulen unterbringen und sie in den Ferien wieder um mich sammeln. Hierfür stehen uns vorläufig noch die Grundstücke der Stiftung, Schreibermühle und Marienborn-Schmeckwitz, zur Verfügung. *In erster Linie soll aber jedes Neusorger Kind wissen, daß mein eigenes Heim in Dresden ihm immer offen steht.*

Unsere Zeit hat uns wohl gelehrt, daß nur der sich durchsetzen kann, der seine Arbeit ganz beherrscht.

Aber die besten Fähigkeiten müssen brach liegen, wenn die notwendige Ausbildung fehlt. Und meine Bitte ist deshalb jetzt, mir durch weitere Spenden zu helfen, das Wertvolle aus dieser mir durch das Schicksal anvertrauten Jugend herauszuholen und aus möglichst vielen von ihnen tüchtige, lebensfähige Menschen zu machen.«

Elsa Brändström-Ulich

Das »Wertvolle aus der Jugend herausholen« – für Elsa Brändström gehört unbedingt mit dazu, daß Menschen anderen gegenüber Toleranz entwickeln. Wie oft hat sie diesen Gedanken wiederholt: »Der Weltkrieg hat Tausende von Beispielen dafür gegeben, daß lange vor dem Verstand das Gefühl versöhnende Brücken schlägt. Und deshalb hat, wie paradox es auch klingen mag, der Krieg nicht nur trennend gewirkt, sondern auch einigend. Und die Zauberformel, die hier und dort dieses Wunder erzeugt hat, heißt: sich gegenseitig kennen und achten lernen.«
Ab April 1931 wurden die letzten Neusorger Kinder auf verschiedene Internate verteilt. Zunächst waren sie alle unglücklich. Plötzlich sollten sie ihren vertrauten Kreis verlassen, mußten die Rolle aufgeben, die sie jahrelang in der Neusorger Gemeinschaft gespielt hatten. Das fiel keinem leicht.
»Ihr müßt lernen, Neues und Andersartiges anzunehmen«, mahnte Elsa Brändström die Jugendlichen. »Es enttäuscht mich, wenn euch das nicht gelingt. Ihr seid

gewöhnt, Verantwortung zu tragen, zu organisieren – zeigt, was ihr könnt!«
Das spornt an. Wenn auch nicht in jedem Fall so, wie Elsa Brändström es meint. Inge z. B., ein Mädchen, das ihr besonders nahe steht, wird hauptamtliche Untergauführerin des BDM.
Ilse, eine andere Neusorger Schülerin, die 1931 nach Auflösung des Heims in ein Internat kam, sieht heute Elsa Brändströms Einstellung zum Nationalsozialismus so:
»In mein erstes Tagebuch, für das ich sie um ein Motto bat, hatte Schwester Elsa geschrieben: Probantur tempestate fortes – Im Sturme werden die Kräfte geprüft. Wenn ich heute versuche, mich zu erinnern, wie Schwester Elsa zu den nationalsozialistischen Ideen stand, will es mir scheinen, daß sie deren kämpferischen Charakter nicht unbedingt ablehnte. Zu lange war auf die verschiedenste Weise versucht worden, die immer chaotischer werdenden inneren und äußeren Verhältnisse Deutschlands zu ändern. Hier sollte endlich etwas getan werden. Als positiv sah sie, glaube ich, auch die soziale Einstellung der Partei an, die das Wertvolle in jedem Menschen sehen wollte, gleichgültig, welchem Stand oder Beruf er angehörte. War doch diese Einstellung aus dem Kriegserlebnis gewachsen, räumte sie doch auf mit dem Kollektivurteil über *den* Arbeiter. Die Achtung vor der Arbeit in jeglicher Form mußte ihr eigentlich auch Zustimmung abnötigen.«
Nachdrücklich fährt die ehemalige Neusorgerin fort:

»Dagegen aber standen andere Programmpunkte, gegen die sie sich leidenschaftlich wandte. Schwester Elsa hatte jüdische Freunde und wollte sie nicht abgewertet und verfolgt sehen.«

Elsa Brändström ist durch ihre Heirat Deutsche geworden. Geboren ist sie als Schwedin. In Rußland hat sie gelebt und gewirkt, für Deutsche und Österreicher gearbeitet, in Amerika Vorträge gehalten und Geld gesammelt. Daher lehnt sie die Überbetonung des Nationalen scharf ab.

Trotzdem kann sie nicht verhindern, daß über sie Berichte erscheinen, in denen sie als überzeugte Nationalsozialistin dargestellt wird. Hier ein typisches Beispiel aus dem Artikel »Sonnige Vergangenheit im Kinderheim Schloß Neusorge« von Hanna Lieker-Wentzlau (Herausgeberin der Elsa-Brändström-Dankbücher, die von 1932 bis 1941 erschienen sind). Da heißt es wörtlich:

»Fest und innig ist auch die frischfröhliche, so germanisch-blonde Inge mit Schwester Elsa verbunden. Was einst in Neusorge in ihre junge Seele gesät wurde, ging auf und trug herrliche Frucht und wird von ihr, die in der Berufsausbildung als Hortnerin steht und der als begeisterter BDM-Leiterin deutsche Jugend anvertraut ist, als segnende Kraft ausgehen in ihren Lebenskreis.« Überdies wird Elsa zitiert mit dem Satz: »Wir Germanen haben das Recht, stolz zu sein auf unsere Charaktereigenschaften – Ehrgefühl, Pflichttreue und Mut.«

Ob sie das tatsächlich je gesagt hat, ist zweifelhaft. Übereinstimmend versichern alle, die sie kannten, daß sie

zwar äußerlich ein »nordischer«, ein »germanischer« Typ war. Nie aber habe sie sich selbst so bezeichnet. Bei ihr stand immer der (hilfsbedürftige) Mensch im Vordergrund, nie dessen Nationalität.
Dresden, 3. Januar 1932: Elsas Tochter Brita wird geboren. Fast 44 Jahre ist Elsa Brändström alt, als sie ihr erstes Kind bekommt. Von Anfang an steht für sie fest, daß sie keinesfalls eine dieser »späten Mütter« werden möchte, die ihr Kind mit Liebe überschütten und es über alle Maßen verwöhnen. Ihre Ansichten sind strikt.
Auch nach Neusorge waren seinerzeit einige Babys gekommen. Nach festgesetzten Zeiten wurden sie aufgenommen, gebadet, gefüttert, gewickelt. Wenn sie außer der Zeit schrien, mußte man sie schreien lassen, bis sie sich von selbst beruhigten. Diese Regeln sollen nun auch für Klein Brita gelten. Um so verblüffter ist die Kinderschwester, die Brita betreut, als sie Elsa vorsichtig und verlegen ans Bettchen ihrer Tochter schleichen sieht, weil die Kleine wimmert. Die starke Elsa Brändström zeigt sich einmal inkonsequent.
Ob sie nicht überhaupt ihre Erziehungsprinzipien jetzt ändern wird? Immer hat sie hartnäckig darauf beharrt, daß für jedes Kind – nicht nur für Voll- oder Halbwaisen – eine Internatserziehung das beste sei. Mal sehen, denkt man in ihrer Umgebung, ob sie sich wirklich so leicht von Brita trennen wird.
Elsa ist im Jahr 1932 wieder einmal Mitarbeiterin bei einer Hilfsaktion. Die Reichsvereinigung ehemaliger

Kriegsgefangener hat erreicht, daß die Restsumme des von Frankreich überwiesenen Arbeitsguthabens deutscher Kriegsgefangener ausbezahlt wird. Manche aber, denen das Geld zugestanden hätte, leben nicht mehr. Anderen geht es so gut, daß sie auf die Zahlung verzichten können.

Elsa in ihrem ausgeprägten Gerechtigkeitssinn entwirft einen Fragebogen und danach den Verteilungsschlüssel. Bei der mühseligen Kleinarbeit helfen ihr Anni Rothe, Stenotypistinnen und Werkstudenten. Tausende von Fragebögen und Anträgen müssen bearbeitet und beantwortet werden.

Eine ehemalige Neusorgerin, die nun 1932 als Primanerin ein Internat besucht, hilft an den Wochenenden mit. Sie erinnert sich noch genau:

»Schwester Elsa setzte mir auseinander, daß sie zunächst gehofft habe, das Geld in Beträgen von 100 Reichsmark abgeben zu können, dann aber wegen der unerwarteten Zahl der Anträge auf zehn und schließlich gar auf drei Reichsmark heruntergegangen sei. ›In Fällen von solcher Not‹ – damit zeigte sie mit Tränen in den Augen auf einige besonders schlimme Fälle – ›müßten auch die drei Reichsmark zusätzlich noch ein Segen sein.‹ Und sie fügte die für mich unvergeßlichen Worte hinzu: ›Kein anderes Volk als das deutsche hätte das ausgehalten.‹«

Ohne Zweifel – Elsa Brändström liebt Deutschland. Nur – ihr wird ihr selbstgewähltes Motto »Du sollst an Deutschlands Zukunft glauben« immer fragwürdiger.

Das Deutschland, das sich Anfang der dreißiger Jahre entwickelt, ist weit entfernt von dem Deutschland, an das sie denkt und glaubt.

Wie lange soll hier noch ihre Heimat sein? Sie erlebt den wachsenden Fanatismus vieler ihrer Schützlinge, sieht Aufmärsche und Schlägereien, hört antisemitische Parolen und Verleumdungen.

Ihr Mann Robert Ulich empfindet »tiefen Schmerz, daß so viele der deutschen Jugend, teils aus mißgeleitetem Idealismus und Tatendrang, teils aus Dummheit und Brutalitätsinstinkten, sich von einer Verbrecherbande das Netz über die Ohren ziehen lassen«.

Er hat bereits vorher einmal Gastvorlesungen an der Harvard-Universität in Boston-Cambridge in den Vereinigten Staaten gehalten. Nun erhält er erneut eine Einladung dorthin. Am 30. Januar 1933, nach der Machtergreifung der Nationalsozialisten, legt er alle seine Ämter an der TH Dresden nieder, um mit seiner Frau in die USA zu gehen.

Kaum erfahren ehemalige Kriegsgefangene, daß Elsa Brändström mit ihrer Familie Deutschland verlassen will, unternehmen sie alles, um den maßgeblichen Stellen zu zeigen, daß dies vor den Augen der Welt ganz unmöglich sei.

Eine große Reichstagung wird abgehalten. Am Ende heißt es, Elsa Brändström könne bleiben, nicht aber ihr Mann, der Sozialist Ulich.

»Ich gehöre zu meinem Mann«, ist das einzige, was Elsa dazu zu sagen hat.

Wenige Tage später bekommt sie aus der Reichskanzlei folgendes Telegramm: »Von Mrs. Gallison von Ihren Verdiensten um Deutschland in Kenntnis gesetzt, erbitte ich Ihren Besuch. Adolf Hitler.«
Was ist geschehen? Mrs. Gallison ist eine deutsche Kaiserswerther Diakonieschwester, die einen Amerikaner geheiratet hat und seit langem in den USA lebt. Sie hatte Elsa Brändström kennengelernt, als diese aus Sibirien kam, und war ihr in den Staaten bei Geldsammlungen behilflich gewesen. 1933 weilt sie zufällig in Deutschland und hört von der geplanten Ausreise des Ehepaars Ulich. Sogleich fährt sie nach Berlin und macht den Referenten in der Reichskanzlei klar, welchen Skandal es in der internationalen Presse geben wird, wenn Elsa Brändström Deutschland verlassen muß.
Über ihren Besuch in der Reichskanzlei schreibt Marie Gallison: »Schließlich erzählte ich Hitler von einem Brief, den ich von Elsa Brändström-Ulich erhalten hatte, und sagte ihm, sie habe eine Reihe von Jahren vor ihm seine Gedanken über die Erziehung der jungen Generation in die Tat umgesetzt ... Er wurde vor Begeisterung ganz aufgeregt und fragte Meerwaldt vielleicht ein halbes Dutzend Mal: ›Haben Sie ihre Adresse aufgeschrieben? Ich muß diese Frau sehen, ich muß sie sehen!‹«
Es gibt zwei Versionen darüber, wie Elsa Brändström auf Hitlers Telegramm geantwortet hat. Robert Ulichs erste Frau, Else Ulich-Beil, berichtet: »Elsa Brändström telegrafierte zurück: ›Danke Ew. Exzellenz für die hohe

Auszeichnung. Kommen leider unmöglich, da Schiffskarten schon gelöst.‹«
Eine ehemalige Mitarbeiterin Elsa Brändströms hat dagegen Elsas Freundin Elsa Björkman berichtet: »Ich weiß den genauen Wortlaut. Ich selbst gab das Telegramm auf und hatte Angst um Elsa, denn sie war ja noch im Lande. Das Telegramm enthielt nur ein Wort: ›*Nein. Elsa Brändström-Ulich.*‹«

Else Ulich-Beil erzählt weiter:
»Das Regime aber gab sich mit dieser Abfuhr nicht zufrieden. Der Propagandaminister Dr. Goebbels machte die Kriegsgefangenenverbände mobil, die den beiden Emigranten in Bremerhaven Ovationen darbrachten, und in der nationalsozialistischen Presse erschien ein Artikel unter der Überschrift: ›Ovationen für Elsa Brändström, die mit ihrem Gatten vorübergehend Deutschland verläßt.‹ Der Sachverhalt wurde so dargestellt, als begleite sie nur ihren Mann, der zu einer Gastvorlesung an die Harvard-Universität reise. Dann dauerte es nicht mehr lange, bis der sächsische Gauleiter Mutschmann Robert Ulichs Pension, die auf mein Konto überwiesen wurde, sperren ließ . . .«
Die letzten Tage in Deutschland verbringt das Ehepaar Ulich in Hamburg im Haus des Ehepaars Dr. Fritz und Anna Warburg. Brita und ihre Patentante Anni Rothe bleiben zunächst noch in Dresden. Sie sollen nachkommen, sobald die Eltern eine Wohnung gefunden haben.

Am 11. Januar 1934 besteigen Elsa Brändström und ihr Mann in Hamburg den Hapag-Dampfer »Hamburg«. Elsa hat Deutschland nicht wiedergesehen.

Während sie mit dem Schiff unterwegs in die Vereinigten Staaten ist, wird über ihrem geliebten Heim Neusorge die Hakenkreuzfahne aufgezogen. Das Kinderheim ist mittlerweile eine Sportschule für Hitlers Geheimpolizei.

Von den Neusorger Jungen und Mädchen hat sich Schwester Elsa brieflich verabschiedet:

»Ich möchte Dir mitteilen, daß wir im kommenden Jahr für längere Zeit verreisen müssen«, heißt es in einem solchen Brief, »mein Mann hat eine Einladung als Gastprofessor an die Harvard-Universität nach Cambridge (USA) für das nächste Semester bekommen. Wir werden deshalb von Januar bis August dort sein. Du wirst verstehen, daß es mir ganz unmöglich ist, mich so lange von meinem Baby zu trennen, und Schwester Anni hat versprochen, mitzukommen. So werden wir zu zweit unser Baby und das kleine Heim versorgen. Inzwischen versuchen wir, unsere Wohnung hier möbliert zu vermieten. Gräfin Üxküll hat mir versprochen, mich während unserer Abwesenheit zu vertreten, und Ihr sollt mit allem, was Ihr auf dem Herzen habt, zu Frau Gräfin kommen. Sowohl finanzielle wie auch andere Angelegenheiten besprecht ganz offen mit ihr wie früher . . .«

Keines der Kinder wird Elsa Brändström noch einmal begegnen.

»NÄHER NACH HAUSE«

»Deutschland habe ich immer als meine Wahlheimat angesehen. Aber jetzt komme ich mir vor wie in einem Irrenhaus.« Das sagt Elsa Brändström im Jahr 1933.

Dreißig Jahre später äußert sich ihr Mann Robert Ulich über jene Zeit: »Ich habe sehr aktiv an der deutschen Politik teilgenommen und wäre wahrscheinlich deshalb auch ins Gefängnis gesteckt und dort, wie mehrere Freunde, totgeprügelt worden, wenn man nicht Elsa Brändström im Auge gehabt hätte.«

Er schreibt diesen Satz an eine ehemalige Neusorgerin. Und er fährt fort: »Wenn man, wie ich, die grauenvolle Wirkung des nationalsozialistischen Terrors beobachtet hat, dann habe ich das Gefühl, man habe Ihnen nach 1945 nicht mehr zugemutet, als Deutschland anderen Völkern zugemutet hat. Das schreibe ich Ihnen und – wenn Sie wollen – den anderen Neusorgern, die sich der Nazipartei freiwillig angeschlossen haben. In Amerika betone ich das Unrecht der anderen Seite . . .«

Diese Äußerungen sagen viel aus über den Mann, den Elsa Brändström geheiratet hat – und mit dem sie Deutschland im Januar 1934 verläßt.

Eine 45jährige deutsche Ehefrau, die keinen Beruf hat, reist mit ihrem Mann nach New York. So liest sich das in den Akten. Es ist, als seien alle Taten und auch alle Titel, die zu Elsa Brändström gehören, fortan ausgelöscht. Was ihr bleibt, sind Erinnerungen, Sätze, Gedanken an eine Arbeit, die ihr Leben geprägt hat.
Da gibt es vor allem einen Spruch, der sie begleitet. Es sind die Lieblingsverse Propst Juhls:

»In jedem Schritt durch diese Zeit,
durch alles wirrende Gebrause,
läutet die große Ewigkeit:
Näher nach Hause.«

Nie hat Elsa Brändström mit Propst Eduard Juhl ein theologisches Gespräch geführt. Immer aber waren die beiden einander nah. Er hat gesagt, daß »Gottes Liebe durch sie hindurchschien« – ja, so habe er sie erlebt.
»Wiederholt ist es mir begegnet, daß mir jemand zuflüsterte: ›Merkwürdig, wenn Ihre Frau ins Zimmer tritt, so ist es, als ob jemand eine Kerze angezündet hätte. Es strahlt Licht von ihr aus.‹ Das war wohl ihr tiefstes Geheimnis: eine Gnade, ein Charisma, das man verfälschen würde, wenn man es analysieren wollte. Und noch ein anderer Grund für Elsas Wirken: Sie verlangte viel von Menschen. Aber niemals etwas, das sie nicht selbst beispielhaft darzustellen wußte und auch darstellte.«
So schildert sie ihr Mann Robert Ulich.

Näher nach Hause . . .

Während Elsa Brändström mit ihm über den Ozean reist, ist sie weiter denn je von einem »Zuhause« entfernt. In zwei, drei Wochen sollen ihre Tochter Brita und Schwester Anni Rothe – sie ist Britas Patentante – nachkommen. Noch hat die Familie keine Wohnung. Noch weiß Elsa nicht, ob aus der Gastprofessur ihres Mannes eine feste Anstellung werden kann. Wer soll die Familie ernähren? Wird Amerika für sie alle eine Heimat werden?

Der Anfang in den USA ist schwer.

Zunächst leben Elsa Brändström und ihr Mann in einer Mietwohnung in Boston-Cambridge. Zwischendurch finden sie Erholung auf der Insel Chilmark im Atlantik und in dem gemieteten Ferienhaus »Wapack Lodge« bei New Ipswich, New Hampshire.

Im April 1934 schreibt Elsa Brändström glücklich an einen ihrer Neusorger Schützlinge: »Meines Mannes Gastprofessur ist um ein weiteres Jahr vom Herbst ab verlängert worden!« Und im Februar 1936 teilt sie mit: »Etwas gibt unserem Leben eine neue Wende. Mein Mann ist in diesen Tagen zum ordentlichen Professor an der Harvard University ernannt worden!«

Im Juli dieses Jahres können die Brändström-Ulichs in der Walker Street 113 in Boston-Cambridge ein eigenes Haus beziehen. Kommt Elsa nun zur Ruhe? Robert Ulich: »Es konnte nicht ausbleiben, daß meine Frau schnell in die Fürsorgearbeit für die ständig anschwellende Zahl der meist jüdischen Immigranten hineingezogen wurde. Wenn sie Glück hatten, kamen sie mit einer

Summe von zehn Dollar in Amerika an. Vom Frühstück bis zum späten Abend kamen Besucher. Die obere Etage unseres Hauses in der Walker Street war immer von Immigranten bewohnt. Ich erinnere mich noch, wie unsere kleine Tochter Brita einmal beim Mittagessen fragte: ›Mutti, können wir denn nicht einmal für ein paar Minuten zusammensitzen, ohne daß das Telefon klingelt?‹«

Elsa Brändström kann Brita diesen Wunsch nicht erfüllen. Denn sie ist in ganz kurzer Zeit in eine Aufgabe hineingewachsen, die sie – wie alles in ihrem Leben – ganz und gar fordert.

Wer in die USA einwandern will, braucht die notariell beglaubigte Bürgschaft eines amerikanischen Staatsbürgers, mit der dieser die Verantwortung übernimmt, daß der Einwanderer keiner städtischen oder staatlichen Stelle zur Last fallen wird. »Affidavit« nennt man diese Bürgschaft. Ein Zauberwort für unendlich viele: »Affidavit«.

Elsa Brändström und ihr Mann übernehmen zunächst selbst so viele Bürgschaften, wie es ihre finanziellen Verhältnisse auch nur irgend zulassen. Dann beginnt sie, Affidavits zu sammeln: bei Freunden und Organisationen, bei bekannten und unbekannten Menschen.

Wenn Elsa auf eine Ablehnung stößt, versucht sie die Angesprochenen mit diesem Argument zu überzeugen: »Wenn Sie einen Menschen ertrinken sehen, dann fragen Sie doch auch nicht, ob es Ihre Aufgabe ist, ihn zu retten. Dann machen Sie jeden Versuch, ihn zu retten. Oder habe ich nicht recht?«

Immer ist Elsa Brändström ganz konzentriert bei der Sache. Kommt dabei mitunter ihr Privatleben zu kurz?
Ihre Tochter Brita erinnert sich an die Kinder- und Jugendjahre in der Walker Street: Merkwürdig war es für sie, daß sie so ganz anders lebte als gleichaltrige Freunde. Zu Hause sprach man deutsch; schon das unterschied sie von allen anderen Kindern. Und dann der Alltag, der in einem ständigen Wirbel stattfand. Regelmäßig fanden sich Besucher – Freunde oder Immigranten – zu den Mahlzeiten ein. »Addi«, ihre Patentante und Freundin ihrer Mutter, kochte und führte den Haushalt. Elsa Brändström hatte nur selten Zeit dazu. Aber wenn – dann gab es ein fröhliches Fest, von dem man noch lange schwärmte. Dann servierte Elsa den Gästen ihre liebsten deutschen und schwedischen Gerichte und versprühte einen Charme, der jeden in seinen Bann zog.
Den Gedanken, jedes Kind müsse in einem Internat erzogen werden, hat Elsa Brändström bei ihrer eigenen Tochter nicht verwirklicht. Aber sie sorgte dafür, daß das Mädchen schon früh selbständig wurde. In den Ferien half Brita bei Bekannten auf einer Obstplantage oder jobbte als Aushilfsserviererin. Verboten war ihr im Grunde genommen gar nichts. Sie durfte sehr arme Kinder nach Hause einladen, und es spielte auch überhaupt keine Rolle, welcher Nationalität ihre Freunde angehörten, welche Hautfarbe sie hatten, welche Sprache sie beherrschten. Gleichzeitig aber wurde sie zu Bällen und Tanzstunden angemeldet, wo sich die höheren Töchter

der Universitätsstadt amüsierten. Das junge Mädchen sollte sich überall natürlich und sicher bewegen können. So wie die junge Elsa, die als Ballkönigin in der St. Petersburger Gesellschaft glänzte, die mit der gleichen Intensität »Kumpel und Kamerad« aller Kriegsgefangenen war und die als selbstbewußte Frau vor russische Lagerkommandanten trat.
Flüchtlingsbetreuung ist nun Elsa Brändströms Lebensaufgabe. Menschen, die im Exil leben, die einen neuen Anfang suchen, abgeschnitten von ihrem bisherigen Dasein – für sie ist Elsa Brändström jetzt da. Ihr eigenes unruhiges Leben hat ihr gezeigt, daß ein Mensch ohne Arbeit verloren ist und ohne Zuhause erst recht.

»Nur ein Land – ganz egal – nur irgendein Land!
Und plötzlich, eh man's noch richtig verstand,
war man selber mitten darunter.
Da türmten sich Koffer zum höhnischen Berg,
man rannte treppauf und treppab
und war nichts als ein hilfloser Zwerg
für den's kein Zuhause mehr gab.
Die Kisten standen am vorletzten Tag
wie verlorn in der Wohnung herum.
Durch die Leere tönte nur Herzensschlag,
und die Wände blieben so stumm.
Und wieder ein Abschied. – Und dieses Mal fuhr
man selber ins Dunkel hinaus.
Verlassenheit – Einsamkeit – Fremde nur –
und nirgends ein schützendes Haus . . .«

Hilde Marx, eine Jüdin, die 1938 in die USA emigrierte, hat diese Zeilen geschrieben. Es sind Sätze, die für alle gelten, um die Elsa Brändström sich fortan kümmert. Wie viele kommen deprimiert und erschöpft an, finden sich nicht zurecht, weil sie gelernt haben, nur mit dem Kopf zu arbeiten, aber nicht mit den Händen, weil sie – so sehen es die Amerikaner – sich aus »Selbstmitleid« abkapseln.

Elsa Brändström mischt sich ein – sie weiß intuitiv, wie jetzt zu helfen ist. So erfährt sie zum Beispiel, daß die Witwe eines Theologieprofessors der Harvard-University ihr Haus voll möbliert für ein bis zwei Jahre heimat- und heimlosen Menschen zur Verfügung stellen will. Sofort ruft Elsa Brändström eine Germanistin an, die mit ihrem Sohn aus Leipzig über New York nach Cambridge gekommen ist.

»Sagen Sie, haben Sie schon einmal für 15 bis 20 Personen gekocht?«

»Nein, das nicht.«

»Aber trauen Sie es sich zu, für eine Gruppe von Refugiés zu sorgen und volle Verantwortung für ihr Leben und Treiben zu übernehmen?«

»Ja, ich denke wohl.«

»Gut, dann erwarte ich Sie in drei Tagen um sechs Uhr abends am Bahnhof in Cambridge.«

So wird Frau Dr. Charlotte Blaschke, die Germanistin, zur Leiterin des größten Guest House in Cambridge.

»Ohne den uns allen von Elsa Brändström eingeflößten Optimismus und ohne ihr Vertrauen wäre die Sache

kaum gelaufen«, weiß sie. »Gewiß war sie nicht die einzige, die uns mit Rat und Tat beistand und die Rehabilitierung sowie das Wiederaufleben so vieler gejagter und hoffender Menschen ermöglichte. Aber sie hatte solch eine besondere Gabe und Kraft, Menschen wieder auf die Beine zu stellen und ihnen dann doch einzureden, daß sie es aus eigener Kraft geschafft hätten ... Wenn sie geht, ist das Häuflein der Verzagten in eine Gruppe neu hoffender und dankbarer Menschen verwandelt.«
Eines Tages entschließen sich einige junge Frauen von Harvard-Professoren, den Vertriebenen aktiv zu helfen, die ihre Heimatländer in Europa verlassen mußten. Sie haben gehört, daß sich unter ihnen viele befinden, die ausgezeichnet kochen, nähen und schneidern können. Wäre es nicht sinnvoll, wenn sie ein Restaurant, eine Kaffeestube oder eine Schneiderwerkstatt eröffneten? Auch einen »Gift Shop« – einen Geschenkeladen – könnte man einrichten. Das würde vielen helfen, ihren Unterhalt in Cambridge zu verdienen.
Die Amerikanerinnen sammeln Geld und mieten einen Raum im Zentrum der Stadt. Weil er ein ungewöhnlich großes Fenster zur Straße hat, wird das Unternehmen Window Shop genannt. Man bittet Elsa Brändström, den Vorsitz des Komitees zu übernehmen.
Wer sich daran erinnert, wie sie in ihrem Neusorger Heim die erste war, die beim Kohlenschippen und Kartoffelschälen mit anpackte, kann sich sofort vorstellen, wie sie nun in Aktion tritt. Während zu Beginn manche der Eingewanderten deprimiert sind, daß sie im

Window Shop »niedere Dienste« verrichten sollen, findet sie es selbstverständlich, hier als Serviererin »den Laden zu schmeißen«. Sie kommt sich nicht deklassiert vor, wenn sie mit dem Tablett herumläuft, Trinkgelder annimmt, Essen austeilt, Geschirr abwäscht.
Alice Broch, eine österreichische Kunsthistorikerin, die 1939 mit ihrer Familie nach Cambridge kam, erinnert sich an die Anfänge des Window Shop: »Im Keller dieses Hauses habe ich zunächst allein, sehr bald mit Neuangekommenen, gekocht, gebacken, serviert. Mit wenig Erfahrung habe ich Wiener Spezialitäten und Backwaren erzeugt, die überraschenderweise großen Anklang gefunden haben. Viele gütige »volunteers« (Freiwillige) halfen uns bei der Verrichtung leichterer Arbeit. Eines Tages kam mitten im größten Gewirr nach dem Mittagessen eine Dame zur Tür herein, die wir nicht kannten. Mit strahlenden blauen Augen, eine ungewöhnliche Erscheinung, wandte sie sich zu uns und sagte bloß: ›Ich bin Elsa Ulich und will euch beim Töpfewaschen helfen.‹ Ich war recht verlegen, denn wir haben unseren Helfern niemals diese Arbeit zugemutet. Doch Mrs. Ulich bestand darauf. Wir waren vier Leute in der Küche. Sie arbeitete mit Schwung, ließ sich nicht helfen, und wir hatten keine Ahnung von den vergangenen Leistungen dieser fabelhaften Frau mit dem größten Herzen, dem edelsten Charakter. Was ich nun noch erzähle, klingt wie ein Märchen, entspricht aber der Wahrheit.
Bei ihrem zweiten Besuch wollte sie sich wieder nicht abhalten lassen, gerade die schwerste Arbeit zu über-

nehmen. Da kam ein Papiervertreter, Mr. Bergas, in unsere Küche. Er war deutscher Einwanderer und wollte eine Lieferung abgeben. Er blieb, nachdem er Frau Ulich erblickt hatte, zunächst wie gebannt stehen. Dann erfaßte er in Ergriffenheit ihre Hände, küßte sie und sagte nur: Schwester Elsa, Engel von Sibirien, ich war in russischer Kriegsgefangenschaft und habe Sie nie vergessen.‹ Und Mrs. Ulich tauschte dann mit Mr. Bergas eine ganze Weile Erinnerungen aus. Diesen allerersten Besuchen Elsa Brändström-Ulichs folgten viele weitere, und eine gute, erfolgreiche Zeit im Window Shop fand ihren Anfang.«

Auf Wunsch von Elsa Brändström übernimmt Alice Broch die Leitung von Restaurant und Café. Elsa selbst erscheint pünktlich zum Servieren, manchmal in Begleitung ihrer Tochter, und macht damit den übrigen dort Arbeitenden – geflüchteten Professorenfrauen und Künstlerinnen – Mut zum Durchhalten.

Im Window Shop gibt es neben dem Restaurant und Café noch einen Partydienst, der Gesellschaften bis zu 60 Personen verpflegen kann. Eine der häufigsten Kundinnen des Window Shop ist Eleanor Roosevelt, die Witwe des ehemaligen Präsidenten. Sie ist fasziniert von den europäisch geprägten Speisen und Waren und berichtet darüber in amerikanischen Zeitungen. Ob Salzburger Dirndl oder Christbaumschmuck, ob Wiener Schnitzel oder deutsches Bauernfrühstück – man findet hier Produkte, die nirgendwo sonst angeboten werden. Auch wenn es schwierig ist, in der engen Straße einen

Parkplatz zu bekommen, wird ein Besuch im Window Shop immer beliebter: Er ist »in«. Im Sommer sitzt man auf einer Terrasse unter Sonnenschirmen, beobachtet Studenten und Professoren der nahe gelegenen Universität, wird unversehens mit einbezogen in Gespräche über Bücher, Theateraufführungen, Politik. Und das alles in vielen Sprachen und ohne Musik. Eine erstaunliche Atmosphäre, für viele Amerikaner so ungewohnt, daß sie Schlange stehen, um Einlaß zu bekommen.

»Ich habe zwei Kinder«, sagt Elsa Brändström zu einer Besucherin.

»*Zwei* Kinder?« fragt die erstaunt zurück.

»Ja«, antwortet Elsa lachend. »Das eine ist meine Tochter Brita, und das andere ist mein Window Shop.«

Kürzer und treffender läßt es sich nicht ausdrücken, mit welcher Liebe und welchem Engagement sie ihre letzte große Aufgabe übernommen hat.

Eine Schwedin, Rut Wallensteen-Jaeger, besucht Elsa Brändström in den Vereinigten Staaten, als der Window Shop gerade umgezogen ist in ein größeres Haus, in die Brattle Street 56.

In ihrem Tagebuch berichtet die Schwedin, wie sie Elsa privat erlebt – nämlich als eine leidenschaftliche Krimileserin, die Edgar-Wallace-Romane verschlingt. Vom Window Shop erzählt sie:

»An einem warmen, sonnigen Oktobertag mache ich einen Besuch im Window Shop. Es ist voll – Bedienung im Garten und im Haus. Das Milieu ist gemüt-

lich. Ich sehe den Platz, wo die Kastanie stand, aus deren Holz ein Stuhl für den Dichter Henry Wadsworth Longfellow gemacht wurde. Ich lese die Gedenktafel am Haus, die dessen Geschichte erzählt. (Er schrieb in diesem Haus das Gedicht »Der Dorfschmied«, »The Village Blacksmith«.) Kein Wunder, daß die Amerikaner begeistert sind! Ein alter Holzzaun auf der einen Seite, ein Gang mit Weinstöcken und das Haus auf der anderen rahmen den Garten ein. Das Erdgeschoß des Hauses enthält das Restaurant. Die Räume in der oberen Etage sind für private Feiern gedacht. Diese Räume haben noch etwas von dem alten Stil mit wurmstichigen Balken in der Decke und holzgetäfelten Wänden.
Ich esse und trinke gut. Täglich werden drei Mahlzeiten serviert. Der Speisezettel enthält eine Menge bekannter europäischer Gerichte. Französisches Omelette, Wiener Schnitzel, italienischen Salat, russisches Eis. Das Restaurant hat eine eigene Konditorei mit den leckersten Backwaren, denen man auch den europäischen Einschlag anmerkt. Nebenan liegt das Geschäft mit allerlei hübschen Arbeiten, die Flüchtlinge angefertigt haben. Hier gibt es Gürtel und Handschuhe aus Leder, Keramik und handgemaltes Porzellan, Blusen, Dirndlkleider, Pullover und vieles andere. Es werden auch Bestellungen angenommen, zum Beispiel für modische Hüte. Allerlei Service wird angeboten: Kunststopfen, Strümpfe stopfen, Gardinen nähen, Wäscheausstattungen mit Monogramm versehen ... Mit anderen Worten: Man will die Talente und Fähigkeiten der Flüchtlinge auf ver-

schiedensten Gebieten nutzen und fördern – ist das nicht eine wunderbare Sache?«

Wenn Elsa Brändström in Cambridge ist, erscheint sie fast täglich im Window Shop, überprüft die Geschäfte, berät Neueingestellte, schlichtet die Konflikte, die aufgetreten sind. Ihr Sinn fürs Praktische überträgt sich auf die Neuankömmlinge. Da rät sie einem ehemaligen Redakteur der Frankfurter Allgemeinen Zeitung, sich zunächst als Holzschnitzer zu betätigen. Eine Kirchensopranistin bringt sie dazu, in Sommerschulen Gemeinschaftssingen zu lehren. Eine beruflose ältere Dame eröffnet auf Elsas Rat hin eine Nähschule.

Als große Hilfe erweisen sich die Organisationen YMCA und YWCA (Christlicher Verein junger Männer bzw. Mädchen). Sie machen Quartiere für die Flüchtlinge ausfindig und bieten Sprachkurse an.

Aber es gibt auch Gegenströmungen. Da Amerika infolge der großen Wirtschaftskrise selbst viele Arbeitslose hat, lehnen es die Gewerkschaften ab, Flüchtlingen zu einem Arbeitsplatz zu verhelfen.

1937 reist Elsa Brändström mit ihrer Tochter Brita nach Schweden. Brita soll die Heimat ihrer Mutter kennenlernen. Noch spricht das Mädchen kein Wort schwedisch. Das wird sie erst lernen, als sie Anfang der fünfziger Jahre – da ist sie schon verheiratet – mit ihrem Mann noch einmal Schweden aufsucht. Doch schon während der ersten Schwedenreise entwickelt die Fünfjährige ein tiefes Heimatgefühl. Sicher auch darum, weil die Mutter sich bewußt viel Zeit für sie nimmt während des Schwe-

denaufenthaltes. Zu Hause in den USA spielt Patentante »Addi« die wichtigste Rolle im Familienleben. Mit ihr kann Brita über alles sprechen, auch über Dinge, die sie ihren Eltern gegenüber nicht erwähnt.
Der Vater reist viel und hält Vorträge. Wenn er aber zu Hause ist, kommt er zu ihr ins Kinderzimmer, singt zur Gitarre und erzählt ihr Geschichten. Die Mutter steht für die kleine Brita »auf einem Sockel«. Sie hat über alles bestimmte Ansichten, und es fällt Brita nicht ein, zu protestieren – das tut ohnehin niemand, der in Elsa Brändströms Nähe ist. Mutter und Tochter besuchen Deutschland nicht, als sie 1937 in Europa weilen. Kenner der Situation raten dringend davon ab. »Addi«, die nach Dresden und Hamburg reist, bestätigt die Befürchtungen.

Näher nach Hause?

Für Elsa Brändström werden die Vereinigten Staaten das letzte Zuhause bleiben.
»Unfaßbar, daß wieder Krieg ist!« schreibt sie im Herbst 1939 an deutsche Freunde. Sie nimmt an, daß die meisten der Neusorger Jungen wohl »draußen« (an der Front) sind. Einen weiteren Kommentar fügt sie nicht hinzu. Am 26. Dezember 1939 schreibt sie, zum Fest habe sie von mehreren Neusorgern gehört: »Aber es hat wohl niemand so recht Weihnachten feiern können, über allem liegt doch der Druck des Krieges.« Und dann, ein Vierteljahr später: »Man wagt kaum, eine Zeitung in die Hand zu nehmen aus Angst vor neuem Schrecklichem.«

Als Norwegen 1940 von Deutschland besetzt wird, sammelt Elsa Brändström Geld, damit norwegische Piloten in Amerika für ihren Einsatz in der Heimat ausgebildet werden können.
Nazi-Deutschland reagiert darauf verbittert. Aus der Frau, die in Deutschland als »Symbol selbstloser Hingabe« gefeiert wurde, die »der deutschen Jugend für ihr Leben und Streben zum Vorbild dienen« sollte, aus dieser Frau ist eine Feindin geworden.
Wie lange ihre Vortragstournee durch die USA und Kanada zugunsten der »Wings of Norway« – der norwegischen Widerstandsbewegung – dauerte, welchen Erfolg sie hatte, hat bis heute noch niemand genau ermittelt. Tochter Brita sagte 1985 in einem Zeitungsinterview dem schwedischen Journalisten Jan Nyström, sie wolle sich, wenn sie mehr Zeit habe, über diese Tätigkeit ihrer Mutter informieren. Schon allein darum, weil es sie störe, wie Elsa Brändström in Deutschland dargestellt wurde: »Man stellte sie bewußt als ein Symbol für die sich aufopfernde Frau hin. Das Bild, das man von ihr verbreitete, war verfälscht und sentimental.«
Mitte 1943 muß sich Elsa Brändström einer Brustkrebsoperation unterziehen. Nur sehr wenige, sehr vertraute Freunde erfahren davon. Sie erholt sich in den Wäldern von North Conway, wagt jeden Tag am Arm ihres Mannes einen größeren Spaziergang. Daß ihr die Tage in den »Weißen Bergen« so viel Stärke geben, daß sie bald wieder »normale Arbeit leisten« möchte, daß

»all ihre Gedanken und Liebe dem Window Shop gehören«, schreibt sie an Alice Broch.
Von ihrer Freundin Elsa Björkman wissen wir, daß sie trotz aller Enttäuschungen immer noch ein »warmes Gefühl« für ihre Wahlheimat Deutschland behielt: »Nachrichten über die gegen Hitler gerichtete Widerstandsbewegung freuten sie sehr, denn sie glaubte voll und fest an ein anderes Deutschland.«
Im Frühjahr 1945 sagt Elsa: »Wir müssen Vorbereitungen treffen, um dem deutschen Volk, vor allem den Kindern, in der kommenden großen Not zu helfen.« Sie will eine private Sammlung von Kleidern, Schuhen, Wäsche und Medikamenten als Kinderhilfswerk aufbauen.
Ein gewagtes Unternehmen, denn noch dauert der Krieg an. Eine solche Aktion ist nach amerikanischem Gesetz »Feindbegünstigung« und daher strafbar.
Brita warnt: »Du wirst noch ins Gefängnis kommen.«
Doch Elsa läßt sich nicht beirren: »Gefängnis oder nicht – wir sammeln weiter.«
Im Haus der Familie Ulich wird ein Kellerraum freigemacht. Kleidung, Schuhe, Hausrat, Medikamente und andere Spenden werden dort gestapelt und sortiert. Selbst wenn die Ulichs für ein paar Tage auf der Obstfarm ihrer Freunde Julius und Rosemarie Wild ausspannen, packt Elsa Brändström Spenden in Pakete – und auf einmal hat sie die erlösende Idee: Als Verpackung sollen Holztruhen dienen, Kisten, die man später als Kleiderschränke verwenden kann – eine doppelte Hilfe für die Ausgebombten.

Der Keller in dem Haus Walker Street gleicht mittlerweile einem Warenlager, so vollgestellt ist er mit Kisten. Wenn Transportarbeiter Elsa Brändström und ihre Mitarbeiter packen und sortieren sehen, wollen sie wissen, wozu ihre Dienste eigentlich gebraucht werden. Für das deutsche Volk? Manch einer weigert sich. Haben die Deutschen der Welt nicht genug angetan? Ist nicht die Not im eigenen Land groß genug? Was soll dieser Unsinn? Es ist merkwürdig, wie schnell die Arbeiter verstummen, wenn Elsa Brändström ihnen – selbstbewußt und selbstlos zugleich – den Sinn der Aktion klarmacht. Die Sammlung ist für notleidende deutsche Kinder im ersten Nachkriegswinter. Mit ihrer hellen, klaren Stimme fragt sie, was sie schon wissen wollte, als sie Bürgschaften für Auswanderer besorgte: »Wenn ein Mensch am Ertrinken ist, erkundigen Sie sich dann erst nach seiner Nationalität? Oder springen Sie gleich ins Wasser?«

Sie fährt nach New York, um ein Schiff zu finden, das die Fracht nach Deutschland transportiert. Als sie nach Cambridge zurückkommt, strahlt sie vor Freude: »Ich habe im Hafen von New York einen mir bekannten schwedischen Kapitän gefunden, der wenigstens einige der Kisten als sein persönliches Gepäck zunächst einmal nach Schweden mitnimmt. Von dort aus wird er weitersehen.«

Noch im Lauf des ersten Nachkriegswinters kommt die Nachricht nach Cambridge, daß die ersten Kisten in Lübeck angekommen sind.

CARE (Cooperative for American Relief in Europe) und CRALOG (Council of Relief Agencies Licensed for Operation in Germany) sind in den Nachkriegsjahren bekannt geworden. Wichtige Hilfsaktionen, denen unzählige deutsche Kinder und Erwachsene das Überleben in der schweren Zeit verdanken. Elsa Brändström war Bahnbrecherin für diese Idee, auch wenn heute kaum noch jemand etwas darüber weiß.

Februar 1945: Elsa Brändström fliegt mit einer Militärmaschine nach Schweden. Schwedische Frauenorganisationen haben sie eingeladen. Ihr Hausarzt rät dringend ab. Sie sagt dennoch zu. Ahnt sie, daß es ihr letzter Aufenthalt in Europa sein wird?

Bilder aus jenem Jahr zeigen sie in einer Unterhaltung mit dem schwedischen Prinzen Carl, dessen Medaille ihr verliehen wird, im Gespräch mit der schwedischen Kronprinzessin und während eines Vortrags zugunsten der Weltorganisation »Save the Children Fund«. Sie hält die Festansprache zum 80jährigen Bestehen des Schwedischen Roten Kreuzes in Stockholm. Sie plaudert mit Mädchen eines Kinderchors und den Jungen einer Pfadfindergruppe. Sie lächelt; doch ihr Gesicht ist müde.

Sie ist krank; aber darüber spricht sie nicht.

Als sie nach Cambridge zurückkommt, fühlt sie sich – sie kann es nicht länger verbergen – sehr geschwächt. Das hindert sie aber nicht daran, sich um die Erlaubnis zur Einreise in wenigstens eine der »westlichen« Zonen Deutschlands zu bemühen. Am 16. Juli 1946 schreibt sie an eine ehemalige Neusorgerin:

»Im vergangenen Herbst haben die deutschen evangelischen Hilfsgruppen bei mir angefragt, ob ich die Kinderhilfe in ihrem Hilfswerk organisieren wolle. Ich habe natürlich sofort zugesagt im Einverständnis mit meinem Mann und Brita, aber bisher die notwendigen Papiere nicht zugestellt bekommen – und blieb also hier. Die Militärbehörden haben darüber zu bestimmen.«
Aus diesem Brief geht nicht hervor, wie bewegt sie war – und wie enttäuscht. Sie muß die Hoffnung aufgeben, Deutschland, ihre Wahlheimat, noch einmal wiederzusehen ...
Nicht nur darum, weil der »Papierkrieg« anscheinend nicht zu bewältigen ist. Es gibt ein Hindernis, das noch schlimmer ist. Bei einer Untersuchung hat es sich herausgestellt, daß sie an Knochenkrebs leidet. An den Hüftgelenken gibt es Veränderungen. Eine Heilung, sagt man ihr, sei nicht möglich. Es könne noch zwei Jahre dauern. Die geistigen Fähigkeiten würden ihr erhalten bleiben. Das könne man ihr versprechen, sonst nichts. An Reisen ist nun nicht mehr zu denken. Sie wird – wie es in der Sprache der Mediziner heißt – »bettlägerig« werden.
Elsa, die Frau, die immer einen Schritt schneller lief als alle in ihrer Umgebung, ans Bett gefesselt, zum Nichtstun verurteilt? Wie wird sie sich damit abfinden?
Elsas Freundin Rosemarie Wild schreibt, wie Elsa Brändström diese Nachricht aufnahm: still, klar, ohne Klage, aber voll Bedauern.
Ihre Krankheit dauerte eineinhalb Jahre. Die letzten

neun Monate mußte sie liegend verbringen. Sie ließ sich nun täglich alle ankommenden Briefe vorlesen. In der Neujahrsnacht 1947/48 fliegt die älteste Freundin Elsa Björkman zu ihr nach Amerika. Sie, Brita und Anni Rothe sind ständig bei Elsa, wechseln sich ab mit Robert Ulich, der seiner Frau ihre liebsten Gedichte vorliest.

Wie Elsa Brändströms letzte Wochen von ihren nahen Angehörigen erlebt wurden, läßt sich aus dem folgenden Brief erspüren, den Anni Rothe am 27. Januar 1948 an Ilse, eine ehemalige Neusorgerin, geschrieben hat:

»Wie gern hätte Dir Schwester Elsa schon lange für Deinen Brief gedankt. Aber Du kannst Dir denken, daß im Dezember auch noch sehr viel mehr Post kam, und es war nicht mehr zu schaffen – so, wie sie es so gern wollte. Dazu kam noch, daß Schwester Elsa durch eine ungeschickte Bewegung eine Oberarmfraktur bekam, fest liegen mußte, weil der Arm gestreckt werden sollte, sehr starke Schmerzen hatte und natürlich sehr geschwächt war. Vor kurzem nun kam eine Jugendfreundin von ihr aus Stockholm, und das war eine ungeheure Freude für Schwester Elsa.

Brita hat sich inzwischen zu einer sehr guten ›Nurse‹ entwickelt, die bei Schwester Elsa schläft. Jetzt haben wir aber eine ständige ›Nurse‹ dabei, denn Brita hat ja recht viel zu arbeiten für die Schule.

Schwester Elsa schickt Dir ihre allerherzlichsten Grüße und ich ebenfalls. Hier regnet und schneit es um die Wette, das schlimmste Wetter, das wir seit Jahren im Winter hatten. Jetzt ist auf den tiefen Schnee viel Regen

heruntergekommen, und man versinkt. Ich gehe schon seit Wochen überhaupt nicht hinaus, vor allem aus Angst vor dem Hinfallen ...
Jetzt muß ich Dir aber vor allem sagen, daß Schwester Elsas Zustand sehr viel ernster geworden ist. Sie liegt nun seit Wochen fest im Bett – zuerst wegen des gebrochenen Oberarms, und nun ist es vor allem allgemeine Schwäche. Sie ist in den letzten Tagen auch nicht ganz klar. Man kann es nicht verstehen, daß dies das Ende sein soll; und daß es keine Hilfe gibt.
Die alte Brustoperation vor vielen Jahren ist doch der Ursprung.
Ich schreibe bald wieder, denke an Schwester Elsa!
Mit den allerherzlichsten Grüßen

Deine Schwester Anni

Schwester Elsa liegt so ungewohnt ruhig im Bett. leider vollkommen appetitlos. Ich sitze stundenlang an ihrem Bett. Viel sprechen sollen wir sowieso nicht.«

In den frühen Morgenstunden des 4. März 1948 ist Elsa Brändström gestorben. In den letzten Wochen ihres Lebens hat sich noch einmal ihr großer Wunsch erfüllt: »Meine größte Freude besteht darin, die Menschen zu mixen.« Die Menschen, die am Krankenbett Elsa Brändströms sitzen, haben sie auf ihren Wegen durch viele Länder und Kontinente begleitet:
Elsa Björkman, die Kinderfreundin aus Schweden.
Anni Rothe aus Deutschland, die mit ihr in Sibirien und Rußland Kriegsgefangene betreute und später mit

Elsa zusammen das Kinderheim Schloß Neusorge leitete.
Robert Ulich, der mit ihr Deutschland verließ und in den USA eine neue Zukunft aufbaute.
Schließlich Brita, die 16jährige Tochter, die in den Vereinigten Staaten ihr Leben fortführen wird.
Für Brita hat Elsa Brändström kurz vor ihrem Tod einige Gedanken, die sie wichtig fand, aufgeschrieben, mit zittriger Schrift auf gelbem Papier notiert.

»For my American daughter«
»Es ist schon merkwürdig,
wenn man die letzten Tage spürt.
Ich sehne mich so nach dem Leben.
Ich möchte am liebsten von vorn anfangen.
Ich würde am liebsten allen jungen Menschen sagen:
Habt vor nichts Angst.
Das Leben ist aufregender, schöner und kraftvoller,
als Ihr Euch vorstellen könnt.
Wir aber sind viel stärker, als wir glauben.«

LITERATURVERZEICHNIS

Elsa Brändström: Unter Kriegsgefangenen in Rußland und Sibirien 1914–1920. Ins Deutsche übertragen von Margarete Klante. Leipzig 1927

Elsa Björkman-Goldschmidt: Elsa Brändström. Stockholm 1932

Edwin Erich Dwinger: Armee hinter Stacheldraht. Bergisch Gladbach 1976

Magnus Hirschfeld: Sittengeschichte des 1. Weltkrieges. Hanau o. J.

Eduard Juhl / Margarete Klante / Herta Epstein: Elsa Brändström – Weg und Werk einer großen Frau in Schweden, Sibirien, Deutschland, Amerika. Stuttgart 1962

Nora Gräfin Kinsky: Russisches Tagebuch 1916–1918. Herford 1976

Margarete Klante: Von der Wolga zum Amur. Berlin 1931

Gabriele Kreis: Frauen im Exil. Düsseldorf 1984

Hanna Lieker-Wentzlau: Elsa Brändström – Dank. Eilenburg 1935

Magdalena Padberg: Das Leben der Elsa Brändström. Hamburg [2]1970

Georg Popp: Große Frauen der Welt. Würzburg 1980
Oberin Gräfin von Üxküll: Aus einem Schwesternleben. Stuttgart 1956
Heinz Vonhoff: Herzen gegen die Not. Weltgeschichte der Barmherzigkeit. Kassel 1960

Mein ganz besonderer Dank gilt Frau Dr. Ilse Westphalen aus Hamburg. Sie, eine ehemalige Neusorgerin, hat mir viele wichtige Quellen zugänglich gemacht.

ZEITTAFEL

26. März 1888	Elsa Brändström geboren in St. Petersburg als Tochter des schwedischen Militärattachés und Obersten Edvard Brändström
1891	Familie Brändström kehrt nach Schweden zurück
1896–1906	Familie Brändström in Linköping
1897–1906	Elsa Brändström besucht die Höhere Mädchenschule in Linköping
1906	Ernennung des Obersten Brändström zum schwedischen Gesandten in St. Petersburg unter Beförderung zum General
1906–1908	Elsa Brändström im Lehrerinnenseminar in Stockholm
1908	Elsa Brändström zieht nach St. Petersburg ins elterliche Heim
1913	Tod der Mutter Brändström. Elsa übernimmt die Hausfrauenpflichten
1. August 1914	Deutschland erklärt Rußland den Krieg
Herbst 1914	Elsa Brändström und Ethel von Heidenstam beginnen ihre Arbeit unter den Kriegsgefangenen in St. Peters-

	burg-Petrograd als russische Krankenschwestern in St.-Georgs-Tracht
Sommer 1915	Abkommen zwischen den Mittelmächten und Rußland über den Austausch von Schwerverwundeten und Kranken
August 1915	Elsa Brändström und Ethel von Heidenstam in Berlin. Nach ihrer Rückkehr nach Petrograd werden sie Schwestern des Schwedischen Roten Kreuzes
8. Oktober 1915	Erster Liebesgabentransport von Saßnitz über Schweden nach Petrograd
22. Oktober 1915	Elsa Brändström und Ethel von Heidenstam begleiten den Transport von Petrograd ab nach Sibirien
11. November 1915	Ankunft in Irkutsk
Weihnachten 1915 bis Mitte Jan. 1916	Im Flecktyphus-Lager Srjetensk. Bekämpfung der Seuche
Mitte Januar bis Mitte Februar 1916	Elsa Brändström flecktyphuskrank in Irkutsk
Februar 1916	Elsa Brändström und Ethel von Heidenstam kehren nach Petrograd zurück
Frühjahr 1916	Elsa Brändström in Pensa
Mai 1916	Elsa Brändström in Totzkoje
Sommer 1916	Elsa Brändström und Elsa Björkman in Moskau
Herbst 1916	Elsa Brändström kehrt nach Petrograd zurück
Gegen Ende 1916	Elsa Brändström und Ethel von Heidenstam planen zweite Reise nach Sibirien
30. Dezember 1916	Ermordung Rasputins
3. Februar 1917	Amerika tritt in den Krieg gegen die Mittelmächte ein
März 1917	Schweden wird Schutzmacht für deutsche Interessen

11. März 1917	Februarrevolution
15. März 1917	Abdankung des Zaren
Sommer 1917	Zweite Reise Elsa Brändströms und Ethel von Heidenstams nach Sibirien – bis Wladiwostok
Herbst 1917	Rückkehr nach Petrograd
7. November 1917	Oktoberrevolution
Winter 1917/18	Elsa Brändström und Ethel von Heidenstam reisen nach Stockholm, Berlin und Wien. Gespräche mit der deutschen und der österreichischen Kaiserin. Überbringung von Grüßen aus Sibirien
15. Dezember 1917	Waffenstillstand zwischen Deutschland und Rußland
3. März 1918	Friede von Brest-Litowsk
Frühjahr 1918	Start der ersten offiziellen Heimtransporte aus dem äußersten Osten Sibiriens
10. Mai 1918	Abfahrt von 18 Abtransportkommissionen von Berlin nach Moskau
26. Mai 1918	Aufstand der tschechischen Legionäre in Sibirien
16./17. Juli 1918	Ermordung der Zarenfamilie in Jekaterinburg
20. Juli 1918	Errichtung der rot-weißen Front in Rußland
August 1918	Elsa Brändström fährt von Moskau zum drittenmal nach Sibirien, mit deutschen und schwedischen Kommissionsmitgliedern. Gefangennahme, Kriegsgericht, Weiterfahrt nach Omsk
August–September 1918	Unfreiwilliger Aufenthalt Elsa Brändströms in Omsk ohne Arbeitserlaubnis

Herbst 1918	Schwedische Gesandtschaft verläßt Petrograd
1. Dezember 1918	Staatsstreich Admiral Koltschaks
Winter 1918/19	Elsa Brändström arbeitet unter Kriegsgefangenen in Omsk, Barnaul und Umgebung
5. April 1919	Elsa Brändström begleitet die ausgewiesene deutsche Kommission von Omsk nach Wladiwostok
Frühjahr 1919	Elsa Brändström besucht Kriegsgefangenenlager im Fernen Osten. Rückkehr nach Sibirien. Aufenthalt in Tschita
Sommer 1919 bis Frühjahr 1920	Elsa Brändström in Krasnojarsk und Kansk
August 1919	Elsa Brändström rettet ungarische Gefangene vor Erschießung
Spätherbst 1919	Elsa Brändström kann nur noch in Krasnojarsk und einigen Nachbarlagern arbeiten. Eigener Wohnraum im Lager Krasnojarsk
Oktober 1919	Durchbruch der Roten Armee durch die weiße Front im Ural und Flucht der Weißen Armee und der Zivilbevölkerung entlang der sibirischen Bahn nach Osten
	Elsa Brändström zieht ganz ins Lager Krasnojarsk
Jahreswende 1919/20	Höhepunkt der Flecktyphusepidemie. Elsa Brändström krank
April 1920	Bericht des Italieners Longare vor dem Völkerbund in Genf über die Lage der Kriegsgefangenen. Philip Noel Baker als Beauftragter des Völkerbundes bei Nansen in Norwegen. Nansen erklärt

	sich bereit, für die Rückführung der Kriegsgefangenen aus Rußland und Sibirien zu sorgen
Frühjahr 1920	Elsa Brändström fährt heim. Als Geisel in Omsk festgehalten. Mit Invalidentransport über den Ural nach Moskau und Petrograd
8. Juli 1920	Elsa Brändström erläßt einen »Aufruf an das Internationale Komitee des Roten Kreuzes in Genf«
10. Juli 1920	Ankunft Elsa Brändströms in Stettin
Juli 1920	Ankunft Elsa Brändströms in Stockholm
	Elsa Brändström wird Mitglied des »Schwedischen Hilfskomitees für Kriegsgefangene«
1921	Elsa Brändström schreibt ihr Buch: »Unter Kriegsgefangenen in Rußland und Sibirien 1914–1920«
September 1921	Abschließender Bericht Nansens in Genf
1922–1934	Elsa Brändström in Deutschland
1922	Stiftung »Arbeitssanatorium für ehemalige kriegsgefangene Deutsche«
	Kuranstalt Marienborn und Gut Schreibermühle gekauft
Jan.–Oktober 1923	Elsa Brändström auf Vortragsreise in Amerika
17. Dezember 1923	Schloß Neusorge gepachtet als Kinderheim
15. Januar 1924	Eröffnung von Neusorge
Februar 1929	Elsa Brändström und Anni Rothe machen eine Besichtigungsfahrt durch Rußland und Sibirien

16. November 1929	Trauung Elsa Brändström–Robert Ulich. Wohnsitz des Ehepaars: Dresden
Ostern 1931	Auflösung des Kinderheims Neusorge
1931	Verkauf von Schreibermühle
3. Januar 1932	Brita Ulich-Brändström geboren
1933	Professor Ulich legt seine Ämter nieder
1934–1948	Elsa Brändström mit Familie in Boston-Cambridge/USA Robert Ulich wird ord. Professor an der Harvard University in Cambridge Fürsorge für Flüchtlinge aus Deutschland und Österreich – Window Shop Hilfswerk für die Notleidenden in Europa
1945	Elsa Brändström-Ulich hält Vorträge in Schweden
Herbst 1945	Hilferuf an Elsa Brändström-Ulich aus Deutschland und Schweden
Ende 1947	Elsa Brändström-Ulich schwer krank
4. März 1948	Tod Elsa Brändströms
11. April 1948	Trauerfeier in Berlin
18. Juni 1948	Beisetzung der Urne in Stockholm

DOKUMENTATION

Aus dem Aufruf
Elsa Brändströms an das Internationale Komitee
des Roten Kreuzes in Genf

An Bord der »Lisboa«
auf der Rückreise aus Rußland, 8. Juli 1920

Auf der Rückreise aus Sibirien, wo ich seit 1915 unter den Kriegsgefangenen als Abgeordnete des Schwedischen Roten Kreuzes gearbeitet habe, betrachte ich es als meine Pflicht, die Verhältnisse darzulegen, in denen sich die Kriegsgefangenen heute befinden.
Weder in Europa noch in Amerika dürfte es unbekannt sein, daß Tausende von unglücklichen Kriegsopfern noch unter dem Joch der Gefangenschaft schmachten. In Rußland und in Sibirien befinden sich noch ungefähr 200 000 Kriegsgefangene und Zivilinternierte. Für sie besteht keine Hoffnung, ihr Vaterland und ihre Familie wiederzusehen, wenn man nicht schnellstens Mittel findet, sie in ihre Heimat zurückzusenden. Schiffe, Schiffe

und abermals Schiffe müssen gemietet werden, wenn man nicht will, daß der kommende Winter diese 200 000 Menschen in Elend und Not umkommen läßt.
Die unglaubliche Lage der russischen Bevölkerung hat die Not der Gefangenen in Rußland auf das Äußerste steigen lassen. Jedes Volk vertritt in erster Linie die Interessen seiner eigenen Glieder; deshalb müssen andere sich dafür einsetzen, daß die Tausende von Gefangenen, die in Rußland und in Sibirien zurückgehalten werden, von ihren Leiden befreit werden, damit sie nicht ebenso zugrunde gehen wie die Hunderttausende ihrer Kameraden vorher.
Die Gesundheitsstatistiken werden einmal zeigen, wieviel tausend Menschen unnütz gestorben sind, einzig aus Mangel an ärztlicher Hilfe, an Lebensmitteln, an Kleidung. Aber dann wird es zu spät sein, die zu retten, die noch zu retten sind, wenn nicht noch heute die Menschheit ihre Pflicht erfüllt und die Gefangenen befreit, die noch am Leben sind ...
Nur der, der den Gefangenen gesehen hat, der mit ihm gelebt hat, kann sein Innerstes verstehen. Seine bittere, gequälte Seele, dieses rauhe, wilde Äußere bieten dem Fremden so viele Rätsel. Wer den Gefangenen kennt, weiß, daß er selbst nach fünf oder sechs Jahren der Gefangenschaft nur ein Verlangen im Grunde seiner Seele hat, nämlich, noch einmal sein Vaterland und die Seinen wiederzusehen ...
Die Epidemien richteten in den Lagern Verwüstungen an ... Scharen von Gefangenen sind in verlassene Ge-

genden geschickt worden, Tausende von Kilometern fern von der Zivilisation, um dort Eisenbahnwege zu bauen. Infolge von namenlosen Grausamkeiten, die bei diesen Arbeiten begangen wurden, hat nur ein schwacher Prozentsatz zurückkommen können. Die Eisenbahnen im murmanischen Gebiet und im südlichen Sibirien sind Denkmäler, die auf Tausenden von Gräbern errichtet wurden, die Grundfesten eines Zivilisationswerkes im 20. Jahrhundert.

Wieviel Menschen starben in der Blüte ihres Alters! Die Hoffnung ihrer Eltern! ... Wieviel Familienväter im Mannesalter, deren Leben nützlich und fruchtbar gewesen war, die Tag und Nacht der Gedanke an ihre Familie in der Not und an die Zukunft der ihrer Eltern beraubten Kinder quälte, sind langsam von Wahnsinn umdüstert worden und vegetieren jetzt in einem sibirischen Asyl! ...

Wenn der Rücktransport ins Vaterland wie heute fortgeführt wird, würden mehr als zwei Jahre vergehen, ehe alle Gefangenen aus Sibirien und Rußland zurückgebracht wären. Aber bald kommt der Winter; der große Erlöser dieser Unglücklichen wird dann der Tod sein. Man braucht ihnen dann keine Schiffsräume mehr zu opfern, denn sie werden einen neuen Winter in Sibirien nicht mehr überstehen.

Im letzten Winter, als die Rote Armee Sibirien eroberte, waren alle überzeugt, daß endlich die Befreiung nahte ...

Um überhaupt leben zu können, haben die Gefangenen

anfangs ihre Winterkleidung verkauft und dann alles, was sie an veräußerlichen Werten besaßen. Aber von seiten der Regierung wurde keine Räumung der Lager organisiert. Da versuchte der Gefangene mit dem Rest seiner Kräfte und seines Geldes und trotz der Verbote die Flucht. Dem, der kräftig war und vom Schicksal begünstigt, gelang es, Petersburg und Moskau zu erreichen. Erst dort erhalten die meisten Hilfe und Schutz bei den deutschen und österreichisch-ungarischen revolutionären Arbeiter- und Soldatenräten und bei den neuen Vertretern der deutschen Regierung. Alle diese Behörden können Hand in Hand mit der russischen Regierung in Moskau arbeiten.

Dafür aber führen die sibirischen Behörden die Anordnungen der Zentralbehörde nicht aus. So konnte es geschehen, daß alle Gefangenen in Sibirien, ohne Unterschied der Nationalität, für die sowjetrussische Arbeitsarmee mobilgemacht wurden, um die sibirische Industrie zu retten. Dadurch wurde jeglicher Abtransport aus Sibirien völlig illusorisch. Seit Monaten sehen sich Tausende von Kriegsgefangenen, die entgegen den Bestimmungen versuchen, das europäische Rußland zu erreichen, durch die Miliz festgehalten und zu Zwangsarbeit verschickt. Viele der Gefangenen, die zum zweiten-, dritten- und viertenmal das Verbrechen begehen, den Weg ins Vaterland zu suchen, teilen jetzt in den Gefängnissen das Los der Verbrecher und Mörder . . .

Um mit Sachkenntnis zu urteilen, darf man niemals vergessen, daß die, denen es gelungen ist, zu entkommen, meistens Menschen sind, die sich durch einen glücklichen Zufall oder durch kluges Verhalten Lebensbedingungen geschaffen haben, die in mancher Beziehung denen überlegen sind, deren sich die Kriegsgefangenen irgendeines anderen Landes erfreuen. Die Berichte, die diese Menschen den zuständigen Behörden liefern, geben ein ungenaues, oft völlig unrichtiges Bild von dem wahren Stand der Dinge.

Die Notschreie der Sterbenden sind nie zu den Ohren der Außenwelt gedrungen und werden nie zu ihr dringen. Niemand wird je erfahren, was die gelitten haben, deren Gebeine seit Jahren in dem brennenden Sand Turkestans und unter der Eisdecke Sibiriens ruhen . . .

Im Namen aller Gefangenen rufe ich das Internationale Rote Kreuz und den Völkerbund an, die sich bemühen, die Wunden zu heilen und die Grausamkeiten und Ungerechtigkeiten des Krieges zu mildern. Ich beschwöre sie, *unverzüglich* Schiffe, Gelder, Kleidung und Lebensmittel zur Verfügung zu stellen und gegebenenfalls Abgeordnete nach Rußland zu senden, die ohne irgendwelche politische Interessen und in völligem Einverständnis mit den sowjet-russischen Behörden und den ausländischen Sektionen der kommunistischen Partei in Rußland (deutsche und österreichisch-ungarische C.O.S.) arbeiten sollen, um vor Beginn des nächsten Winters Sibirien und Rußland völlig von Kriegsgefangenen zu räumen.

Elsa Brändström

LIEBESTÄTIGKEIT ALS VÖLKERVERSÖHNENDE MACHT

Rede Elsa Brändströms auf der Weltkirchenkonferenz für praktisches Christentum in Stockholm, gehalten am 26. August 1925

Nicht ohne Zaghaftigkeit wage ich es, einige Worte über die Liebestätigkeit als völkerversöhnende Macht zu äußern. Mir fehlen alle theoretischen Kenntnisse über das Thema, und ich kann deshalb nur von persönlichen Beobachtungen und Erlebnissen in Rußland und Sibirien, Deutschland, Österreich und Amerika während und nach dem Weltkriege ausgehen.

Wenn man Gelegenheit gehabt hat, die psychologischen Entwicklungsstadien in den verschiedenen Ländern in und nach dem Kriege zu verfolgen, muß man sich sagen, daß vieles von dem, was man vor Augen hat, konzentrierte Tatsachen sind, Hochdrucksverhältnisse, die ihr vollkommenes Gegenstück, nur matter und schwächer, sowohl bei Individuen wie Nationen auch in Frieden haben. Der Weltkrieg bietet in dieser wie in manch anderer Hinsicht ein Anschauungsmateriel von unschätzbarer Klarheit.

Wenn wir hoffen, daß die Liebestätigkeit eine der Brükken zur Völkerversöhnung werden soll, so müssen wir uns klar darüber sein, welches diese Brücken sind, welcher Art sie sind und welchen Zwecken sie dienen. Und wenn wir ehrlich urteilen, müssen wir einsehen, daß seither nur leichte Pontonbrücken von Strand zu Strand geschlagen worden sind. Diese können natürlich dann und wann auch gewaltige Lasten tragen. Wenn man an Ereignisse wie den Untergang der »Titanic«, das Erdbeben von Messina und die Hungersnot in Rußland denkt und sich erinnert, welche großen Opfer von den einzelnen und den Nationen gebracht wurden, um den Leidenden zu Hilfe zu kommen, so haben wir sicher das Recht, uns über diese Beweise eines sittlichen Fortschrittes unserer Zeit zu freuen. Aber wir dürfen uns nicht vom Schein dieser mehr zufälligen Opferfeuer blenden lassen, sondern ehrlich eingestehen, daß dies nur Einzelfälle sind, bei denen wir durch Katastrophen von ungeheurem Umfang aus unserer alltäglichen Gleichgültigkeit herausgerissen wurden – Katastrophen, die dem einzelnen wie den Nationen Gelegenheit geben zu beweisen, wieviel ethische Reaktionsmöglichkeit sie besitzen und wie groß ihre Fähigkeit ist, über sich selbst hinauszuwachsen. Solange wir aber bekennen müssen, daß diese Erlebnisse nur kurze Perioden sind, müssen wir eingestehen, daß das Fundament, auf dem die internationale Liebestätigkeit aufgebaut wurde, noch nicht stark genug ist. Es gilt daher, den Grund, auf dem die Liebesarbeit ruht, zu verstärken und vor allem die Träger der Arbeit von ihrer ungeheuren Verantwortung zu durchdringen. Die enge, vorurteilsbelastete Form, in der so manche nationale wie internationale Liebestätigkeit ausgeübt wird, ist eine höchst unnatürliche. Warum ist nur das bloße Wort »Wohltätigkeit« ein rotes Tuch für so viele Menschen? Wie mancher junge Enthusiast war enttäuscht, wenn er hinter die Kulissen sehen konnte und erfahren mußte, wieviel Pharisäertum und Eigenliebe, Intrigen und Vorurteile sich oft hinter dem Wort »Wohltätigkeit« verbergen. Der junge Idealist versteht nicht, daß die Wohltätigkeit wie jede andere Arbeit die ethische Einstellung des Menschen auf die höchsten Ziele im Leben widerspiegelt.

Mit der ethischen Entwicklung der Individuen und Nationen ist auch die Möglichkeit zu einer edleren und aufrichtigeren Liebesarbeit verbunden. Aber diese Entwicklung geht nicht Hand in Hand mit der verstandesmäßigen, sondern oft entgegengesetzt. Wenn wir versuchten, etwas weniger zu denken und etwas mehr zu fühlen, kämen wir sicherlich weiter.

Wenn wir selbst nicht mehr die Fähigkeit besitzen, intuitiv zu handeln, weil wir von frühester Kindheit an in Formen gepreßt wurden, die lähmend auf alle spontane Tatkraft wirken, müssen wir wenigstens versuchen, die heranwachsende Generation nicht in derselben Weise zu verderben.

Diese junge Generation, die so viel von dem gutmachen soll, was wir gesündigt haben, muß dazu erzogen

werden, eine Liebesarbeit aufzubauen, die, voll Leben und Verständnis, schließlich auch völkerversöhnend wirkt.
Aber wie können wir hierzu etwas beitragen? Vielleicht durch den Versuch, der Jugend die Gelegenheit zu geben, sich zu ehrlichen, freien, selbständigen Individuen zu entwickeln, die einsehen, daß nur das Natürliche, das Spontane, das Einfache groß ist. Das Spontane und das Ursprüngliche zieht sich an. Die Kluft entsteht erst, wenn die Reflexion beginnt. Wie oft konnte man das doch im Kriege beobachten! Ich habe gesehen, wie russische Bauersfrauen, gleich nachdem sie von ihren Söhnen und Männern Abschied genommen hatten, verwundeten Feinden zu trinken gaben. Ich habe in Sibirien gesehen, wie deutsche Gefangene ihre letzten Brotstücke mit hungernden Frauen und Kindern des feindlichen Volkes teilten. Der Weltkrieg hat Tausende von Beispielen dafür gegeben, daß lange vor dem Verstand das Gefühl versöhnende Brücken schlägt. Und deshalb hat, wie paradox es auch klingen mag, der Krieg nicht nur trennend gewirkt, sondern auch einigend. Und die Zauberformel, die hier und dort dieses Wunder erzeugt hat, heißt »sich gegenseitig kennen und achten lernen«. Ich habe von keinem Amerikaner in Amerika so loyal und objektiv über die Deutschen sprechen hören wie von denen, die mit im Kriege waren und Auge in Auge dem Feinde, dem Deutschen, gegenüberstanden. Mit dem tiefsten Verständnis spricht oft der Österreicher, der als Gefangener in

Rußland jahrelang ausharren mußte, von dem früheren russischen Feinde.

Welche große Lehre sollte man nicht aus derartigen Tatsachen ziehen! Und wie sehr sollte man nicht versuchten, die Jugend diese primitive, einfach menschliche und hehre Einstellung erfassen zu lehren. Es liegen weder kosmopolitische noch internationale Tendenzen in solchen Bestrebungen. Im Gegenteil, nur der, der auf seine nationale Eigenart, sein Land und sein Volk stolz ist, kann sich den Luxus leisten, die Überzeugungen, Sitten und Gebräuche des anderen zu achten. Toleranz ist eine Eigenschaft, die nur starke Persönlichkeiten und Völker besitzen können.

Je kleiner unser Horizont ist, gegen desto zahlreichere Fronten kämpfen wir, desto mehr Vorurteile haben wir. Je weiter das Gesichtsfeld, desto größere Toleranz, desto mehr Möglichkeiten zu gerechtem Verstehen. Und nur ehrliche Versuche, einander zu verstehen, können den Weg zur Sympathie freilegen.

Aber Verständnis und Toleranz für die Andersdenkenden in unserem eigenen Volke ist die erste Bedingung, um etwas Wertvolles über unsere eigenen Grenzen hinausbringen zu können. Wir müssen zuerst vor unserer eigenen Tür kehren, wenn wir den Grund zu einer fruchtbringenden, lebendigen, internationalen Liebesarbeit legen wollen.

Jeder Träger einer Idee kann dieselbe verwirklichen oder hemmen, und so ist es auch in der Liebestätigkeit. Die häufige Kritik Außenstehender an den Persönlichkeiten, die mit der Ausübung der Liebestätigkeit betraut sind, ist zweifellos nicht immer unberechtigt. Es scheint, als lege man hier in viel geringerem Maße als auf anderen Gebieten Wert darauf, ob die Person alle Voraussetzungen besitzt, um Erfolg in der Arbeit erzielen zu können. Natürlich ist der gute Wille und der ehrliche Wunsch, der Sache zu dienen, die erste Bedingung dazu, aber nicht die allein hinreichende. Daß für die allermeisten Posten in ebenso hohem Grade Willensstärke, Tüchtigkeit und Selbstdisziplin erforderlich sind, wird leider allzuoft übersehen. So hat sich allgemein die Auffassung gebildet, daß für die Arbeit in der Wohltätigkeit keine so hohen Forderungen an die Fähigkeit gestellt werden. Untauglichkeit wird unter dem Deckmantel des guten Willens und der Pflichttreue verborgen. Wenn überhaupt in einer Arbeit Tüchtigkeit und Kenntnisse gefordert werden müssen, so ist es wohl hier. Bedenken wir doch, welche geistigen Werte und kulturellen Schätze entweder gerettet werden oder verlorengehen können. Vom materiellen Gesichtspunkt aus kann eine Liebestätigkeit nie praktisch, sparsam und rationell genug gehandhabt werden. Dies zu fordern, hat sowohl die Allgemeinheit, mit deren Mitteln man arbeitet, das unbedingte Recht, wie auch diejenigen, für welche diese Mittel gespendet werden.

Liebesarbeit ist eine Kulturarbeit, welche wir immer als Kunst betrachten müßten. Wenn wir an die Menschen denken, die eine Liebestätigkeit ausgeführt haben, die über die augenblickliche, materielle Hilfe hinaus fruchtbringend war, so erscheint uns ihr Leben und ihre Arbeit wie ein harmonisches Kunstwerk, weil sie Mut und Kraft hatten, ihrer Inspiration zu folgen, und hemmungslos ihr Bestes gaben, nicht getrieben von langen Überlegungen der Pflicht und des Gewissens, sondern weil sie nicht anders konnten. Eine höhere Macht hat es ihnen eingegeben, und sie haben das Schönste und Größte hervorgebracht: Liebe. Ihre Kunst ist es, Harmonie zu schaffen, Harmonie zwischen den einzelnen und Harmonie zwischen den Völkern. Damit sie imstande sind, stärkere Brücken von Strand zu Strand zu schlagen, müssen wir ihnen unser Verständnis und unsre Bewunderung, unsre Hilfsbereitschaft und unsre Unterstützung geben.

Sich kennenlernen und sich verstehen sind die Brückenköpfe; an die Menschheit glauben und sich für sie begeistern können, sind die Pfeiler, auf denen die Liebesarbeit ruhen muß, wenn sie der Völkerversöhnung dienen soll.

Dresden den 17. XI. 1930.

E. B.-U.

Liebe Ilse,

Deine beiden Briefe habe ich erhalten. – Wir wollen uns nicht darüber streiten wessen Auffassung die richtige ist, vielleicht hat jeder von seinem Standpunkt recht. – Wir wollen uns jetzt nur an Tatsachen halten. – Es war nicht in Eurer "Familie" wie es sein sollte, wenn es jetzt anders wird ist keiner glücklicher darüber als ich. – Ich kann nicht das Maass von Mühe beurteilen, das Du dir früher ohne wesentlichen Erfolg gabst, wenn aber jetzt Deine Mühen, wie ich hoffe, erfolgreich sind, dann ist ja mein Wunsch erfüllt, und nichts hat sich an unserem früheren guten Verhältnis geändert. Neusorge bleibt für Dich, was es bis jetzt war, und hilft Dir auch weiter Dein Lebensziel zu erreichen.

Ich freue mich Euch alle bald wiederzusehen.

Mit den herzlichsten Grüssen

Deine

Elsa Brändström-Ulich

Statistische Angaben über die russisch-sibirische Gefangenschaft im Ersten Weltkrieg

Die Zahlen, die hier wiedergegeben werden, sprechen für sich. Sie zeigen deutlich den Hintergrund, auf dem sich das Wirken Elsa Brändströms abspielte, die in Lagern, Lazaretten, auf Arbeitsplätzen und in Gefängnissen mit rund 700 000 Gefangenen in persönliche Verbindung kam.

Soldaten der Mittelmächte in russisch-sibirischer Kriegsgefangenschaft:

2 322 378	Offiziere und Soldaten, davon:
2 082	reichsdeutsche Offiziere und Offiziersaspiranten
165 000	reichsdeutsche Soldaten
54 146	österreichisch-ungarische Offiziere und Aspiranten
2 050 000	österreichisch-ungarische Soldaten
950	türkische Offiziere
50 000	türkische Soldaten
200	bulgarische Offiziere und Soldaten

Von diesen Gefangenen fanden mehr als 700 000 den Tod in der Gefangenschaft.

Ausgetauscht wurden zwischen August 1915 und Frühjahr 1918:

26 168	Kriegsgefangene der Mittelmächte gegen
37 295	russische Kriegsgefangene

Halbinvalide, die in Dänemark interniert wurden:

503	Deutsche
894	Österreichisch-Ungarische

Halbinvalide, die in Norwegen interniert wurden:

193	Deutsche
322	Österreichisch-Ungarische

Aus einer russischen Statistik vom Ende 1916:

496 917	Kriegsgefangene zur Landarbeit kommandiert
35 000	Kriegsgefangene zur Forstarbeit kommandiert
293 968	Kriegsgefangene in Bergwerken und Fabriken tätig
168 614	bei Eisenbahn- und Kanalbauten eingesetzt
116 054	zu anderen Arbeiten herangezogen

Zivilgefangene:

1914 lebten rund 250 000 Reichsdeutsche und 80 000 Österreicher und Ungarn in Rußland. Sie wurden gleich nach Kriegsausbruch verhaftet und als Zivilgefangene in Gefängnisse gesteckt oder verbannt. Im Herbst 1914 wurden 11 100 Zivilpersonen aus Ostpreußen in russisch-sibirische Gefangenschaft verschleppt. Ebenso erging es der Zivilbevölkerung von Galizien.

Rückführung von Gefangenen:

1918	101 000	deutsche Kriegsgefangene
	214 000	deutsche Zivilgefangene
	725 000	österreichisch-ungarische Kriegs- und Zivilgefangene
	25 000	türkische Kriegsgefangene
1919–1921	49 000	Reichsdeutsche
	170 000	Deutsche aus dem Gebiet der Tschechoslowakei
	30 000	Deutsch-Österreicher
	120 000	Ungarn

Gelder zur Unterstützung der Kriegs- und Zivilgefangenen:

Aus Deutschland

114 251 600	Mark für Kriegsgefangene
213 200 000	Mark für Zivilgefangene

Aus Österreich-Ungarn

383 062 300	Kronen für Kriegsgefangene
100 250 000	Kronen für Zivilgefangene

(In diesen Zahlen sind die Ausgaben für übersandte Uniformen, Medikamente und Lebensmittel sowie für

Invalidenaustausch und die Betreuung von Halbinvaliden eingeschlossen.)
Das Schwedische Hilfskomitee für Kriegsgefangene stellte allein im Jahre 1920 Kleider, Medikamente u. a. im Werte von 2 Millionen schwedischer Kronen zur Verfügung.

Schwester Elsa 1920

Der Vater: Edvard Brändström

Elsa Brändström und Pastor Neander kommen mit anderen Delegierten in Pensa an (April 1916)

Erdbarackenlager bei Krasnojarsk

Mannschaftsbaracke (nach einer Zeichnung von Viktor Böhm)

Kinderheim Schloß Neusorge bei Mittweida

Elsa Brändström und Anni Rothe

Kinderheim Schloß Neusorge (Bezirk Chemnitz)

Heimkehrer-Kuranstalt Marienborn bei Kamenz (Bezirk Dresden)

Elsa Brändström und Anni Rothe mit Neusorger Kindern

Professor Dr. Robert Ulich

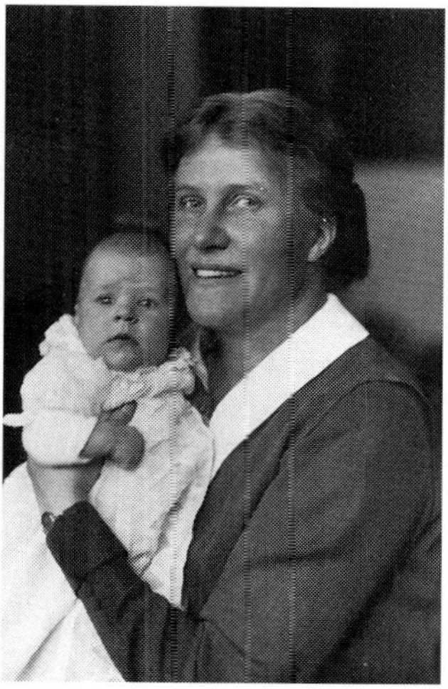

Elsa Brändström-Ulich
mit Tochter Brita

Mit dem Window-Shop in Cambridge verhalf Elsa Brändström-Ulich vielen Flüchtlingen aus Europa zu einer neuen Existenz in Amerika

Elsa Brändström-Ulich (1945)